Fritz Herdi – also sprach Zürithustra

FRITZ HERDI

also sprach zürithustra

Zürich anekdotisch

pendo

Typographie: Bernhard Moosbrugger
Satz: Fosaco AG, CH-8363 Bichelsee
Druck: Müller-Werder & Co AG, Zürich
© copyright by pendo-verlag Zürich, 1983
ISBN 3 85842 078 6

Dies zuvor

Am 22. Juli 1885 schrieb *Gottfried Keller* an Freund *Eduard Münch:* «Das Bild in der ‹Illustrierten Zeitung›, von dem Du schreibst, ist nach einer älteren Photographie gemacht, die überall herum fährt. Der Aufsatz dabei enthält allerlei dummes Zeug und unwahre oder entstellte Anekdötchen. Dergleichen erlebt man eben, wenn man alt wird.»

«Unwahr oder entstellt»: das mag jede Anekdote sein, die man – was meist nicht zu ändern ist – aus zweiter Hand oder drittem Munde hat. Von einer im Grunde bezeichnenden Pestalozzi-Episode etwa existieren drei verschiedene gedruckte Versionen mit verschiedenen Personennamen. Auffällig auch die anekdotische Überschneidung bei den Vätern *Emil Hegetschweiler* und *Emil Landolt:* beide haben, wie ihre Söhne versichern, einen Junior auf den Namen Emil getauft, damit Firmenpapier und Visitenkarten von einer nächsten Generation aufgebraucht werden könnten.

Von den Freunden *Arnold Böcklin, Rudolf Koller* und *Gottfried Keller* gibt es die hübsche Wortspiel-Geschichte: Die drei verlassen nachts in aufgeräumter Weinlaune das «Künstlergütli» (abgebrochen wegen des Universitätsbaus), schreiten auf gefrorenem Weg vorsichtig tal- respektive stadtwärts, greifen sich gegenseitig hilfreich unter die Arme. Böcklin und Koller rutschen aus, und Gottfried Keller scherzt, er wisse nicht, ob

Böcklin über den Koller geböckelt oder Koller über den Böcklin gekollert sei. Man amüsiert sich, muss sich aber eines Tages belehren lassen: die Geschichte stimmt nicht, weil Böcklin damals im Ausland war. (War er es tatsächlich?)

Besser ist ein Anekdotensammler dran, wenn er Zeitgenossen nach ihren allfälligen anekdotischen Erlebnissen fragen kann. In vereinzelten Fällen, so ist es mir beispielsweise mit Stadtforstmeister *Carlo Oldani* und mit dem Publizisten *Peter P. Riesterer* ergangen, sprudeln bei Quellbohrungen ein Dutzend und mehr Episoden hervor: hurra, fündig! In den überwiegenden Fällen aber sind in einem Gedächtnis nicht mehr als eine oder zwei heitere Intermezzi gespeichert. Trost spenden mag da ein schönes Beispiel: *N. O. Scarpi,* der Tausende von Anekdoten, sprachlich schön geschliffen, erzählt und veröffentlicht hat, lebte und schrieb im Tessin und in Zürich und konnte köstlich plaudern; zum 80. Geburtstag wurde er von einem Interviewer um eigene, um zürcherische Scarpi-Anekdoten gebeten. Dem renommierten Autor fiel, wie er selber berichtet, nur eine einzige ein: Er hatte einst längere Zeit, obwohl schon eine ganze Weile in Zürich niedergelassen, «Ütliberg hell» für eine Biersorte gehalten ...

Eigentliche Sammlungen von Zürcher Anekdoten hat es, soweit mir bekannt ist und wenn man von den anekdotischen Publikationen über Gottfried Keller und Heinrich Pestalozzi absieht, bis jetzt nicht gegeben. Einige wenige Anekdoten finden sich zwischen zahlreichen allgemeinen Gedichten und Witzen in «Papa Locher's Mussestunden», einem Büchlein, das um die Jahrhundertwende drei Auflagen erlebte. Autor *Hans Conrad Locher* (1831–1907), von dessen Posamentierkunst noch bis 1982 die Posamenterien im Zürcher Opernhaus zeugten und dessen Schwiegertochter die Mundartdichterin *Emilie Locher-Werling* war, galt als Original in Zürichs Kulturleben. Er präsidierte jahrelang den Sängerverein der Stadt Zürich und war mit *Gottfried Keller* sowie dem Dirigenten und Komponisten *Wilhelm Baumgartner* befreundet.

Einige Musikeranekdoten verdanke ich dem 1982 achtzigjährig gewordenen ehemaligen Solocellisten des Radio- und des Tonhalleorchesters, *Julius Bächi,* der ein Leben lang Heiteres aus dem weltweiten Reich der Musik in Bild und Wort gesammelt hat; er stellte auch das Hindemith-Notenbeispiel in diesem Buche zur Verfügung.

Auf zahlreiche Anekdoten bin ich als Journalist, Interviewer, Berichterstatter, aber auch als Leser von Biographien und Briefwechseln gestossen. Nur ein kleinerer Teil des Materials hat im vorliegenden Buch Verwendung gefunden. Ein zweiter Band ist vorgesehen. Sofern er nicht ein Opfer dessen wird, was *Gottfried Keller* 1873 seinem Verleger klagte, als er einen billigeren Preis für seine Bücher anregte. Denn, so damals Zürichs bekanntester Dichter über seinen Buchabsatz: «Meine Bekannten klagen imer über die teuren Preise, während sie freilich unbedenklich das gleiche jeden Augenblick für ein Konzertbillett oder eine Flasche Wein verwenden.»

Zu meinem, respektive nicht meinem Buchtitel «Also sprach Zürithustra»: Dieses Wortspiel habe ich vor Jahrzehnten in einer *Scarpi*-Glosse gelesen, ungefähr zu jener Zeit, als der eigenwillige Zürcher Kunstkritiker *Max Eichenberger* (1902–1961) in der Zeitung «Die Tat» einen Artikel über einen dem Viereckigen zugetanen Künstler mit «Also sprach Quadrathustra» überschrieb.

Zürich, im Herbst 1983   Fritz Herdi

A

Larry Adler

1966. Im Theater am Hechtplatz, im Rahmen der Junifestwochen: Mundharmonikavirtuose Larry Adler, für den einige Komponisten eigens Werke geschrieben haben, erzählt die Geschichte mit Ravels «Bolero».

Der Komponist erfuhr, dass Adler das Stück auf der Maulorgel spiele, und bat ihn zu sich. Zum Vorspielen. Adler tat's. Aufmerksam hörte Ravel zu und sagte dann: «Es ist das erstemal in meinem Leben...» (Adler spitzte komplimentlüstern die Ohren) «... dass ich meinen ‹Bolero› auf der Mundharmonika höre, und ich darf Ihnen verraten...» (Adler wollte stolz-schlicht und errötend das Lob abwehren) «... ich finde es abscheulich.»

So erzählt Adler im Theater am Hechtplatz, und dann – spielt er Ravels «Bolero».

Paul Altheer

Schrecklich waren in den zwanziger Jahren für Zürichs ersten Radiosprecher, *Paul Altheer,* auf der Strasse, in den Läden, in der Beiz Gespräche, die anfingen: «Könnte ich nicht einmal...?» Alle möglichen Leute wollten am Radio auftreten und ihren Jodelchor oder ihren klimpernden Sohn vors Studiomikrophon bringen. In der Papeterie: «Könnte ich nicht einmal?» Der Coiffeur: «Könnte ich nicht auch einmal?»

Und dann traf Paul Altheer seinen Schneider. Der Kerl stürzte sich auf ihn. Aber noch bevor er den Mund aufmachen konnte, sagte der Radiomann: «Ich weiss, Sie wollen am Radio singen!» Worauf der Schneider verblüfft: «Ich denke nicht daran, *Geld* möchte ich wieder einmal sehen von Ihnen, *Geld!*»

Volkmar Andreae (1879–1962)

In einer Probe, sechste Bruckner-Sinfonie, fragte der Dirigent Volkmar Andreae, ob irgendwo vemerkt sei, wie lange das Werk dauere. Einige sagten fünfzig, andere fünfundfünfzig oder gar sechzig Minuten. Darauf Andreae: «Wir sehen es dann am Abend; es kommt ganz darauf an, was und wie gut ich vorher gegessen habe.»

Tonhalleprobe mit Volkmar Andreae. Die Solistin, *Wanda Landowska,* kommt zu spät. Andreae, an militärische Pünktlichkeit gewöhnt, geht unruhig auf und ab. Da bastelt ein Musiker den Schüttelscherz: «Der Pilger wandert nach Mekka, und der Volkmar mekkert nach Wanda.»

Als Volkmar Andreae, über 70, im September 1953 vor das Tonhalleorchester trat, um die dritte Sinfonie von Bruckner zu proben, begrüsste er die Musiker mit den Worten: «Entschuldigen Sie, meine Herren, dass ich noch lebe!»

Joh. Heinrich Angst (1847–1916)

1775 gab die Zürcher Regierung bei der Porzellanmanufaktur im Schoren, Kilchberg, ein grosses Service in Auftrag, teils um die Fabrik zu unterstützen, teils um den Abt von Einsiedeln zu beschenken. Gut 100 Jahre später verkaufte das Kloster dieses Prunkstück der schweizerischen Porzellanindustrie an Heinrich Angst, den nachmaligen ersten Direktor des Landesmuseums in Zürich. Weil er nicht genug Geld hatte, teilte er mit einem Freund. Die einzelnen Porzellanstücke jassten sie freundschaftlich aus ...

Hans Arp (1887-1961)

Max Rychner spazierte mit dem Dadaisten, Maler, Bildhauer, Lyriker Hans Arp der Sihl entlang. Arp verfolgte aufmerksam den Wasserlauf, bückte sich plötzlich nach einem faustgrossen, von den Wassern glatt geschliffenen ovalen Stein und steckte ihn in die Manteltasche.

Monate später besuchte Rychner eine Kunstausstellung, an der Arp mit Werken vertreten war. Da lag auf einem Sockel besagter Stein, ohne dass Arp ihn bearbeitet hatte. Er war als «Objet trouvé» bezeichnet und zum Kauf angeboten. Preis: 3000 Franken!

Heute ist der Stein ein Vermögen wert.

B

Arthur Bachmann (1922)

Nach dem «Fehltritt seines Lebens» gefragt, erzählte Dr. Arthur Bachmann 1973 (er war damals Zürcher Regierungsratspräsident): «Im Jahre 1966 glaubte ich allen Ernstes, als Sozialdemokrat könne ich mich in der demokratischen Hochburg Winterthur mit Erfolg um das Stadtpräsidium bewerben. Das war ein gewaltiger Irrtum. Ich wurde nicht nur nicht gewählt, sondern schied sogar als überzählig aus dem Stadtrat aus. Als Strafe für meinen Wagemut musste ich auch noch einen bösen Witz kassieren: Nummer eins fragt Nummer zwei: «Wen wählst du?» Antwort: «Urs Widmer.» Fragt Nummer eins: «Kennst du denn den Widmer?» Darauf entgegnet Nummer zwei: «Nein, aber den Bachmann!»

Zürichs Gratisanzeiger «Züri-Leu» (er existiert nicht mehr) war 1976 dem kantonalen Justizdirektor, Dr. Arthur Bachmann, im Zusammenhang mit der Behandlung Gefangener in der Strafanstalt Regensdorf an den Karren gefahren. Der Justizdirektor stellte einiges richtig und formulierte abschliessend:
«Schliesslich möchten Sie einmal mehr ein ‹Feuerchen› unter meinem Hintern entfachen

bezüglich der Polizeigefängnisverordnung, welche vom Bundesgericht beanstandet wurde. Da ich für Polizeigefängnisse nicht zuständig bin, bitte ich Sie höflich, besagtes Feuerchen unter einen andern Hintern zu stellen. Falls jedoch Ihr Interesse am erwähnten Körperteil meiner Person unüberwindlich gross werden sollte, müsste ich Ihnen eine andere Offerte unterbreiten.»

Nicolas Baerlocher (1939)

Nicolas Baerlocher, Sekretär in der Präsidialabteilung des Zürcher Stadtpräsidenten, war 1978 in einem Bonner Kleintheater mit einem Produzenten verabredet. Er irrte sich in der Tür und stand urplötzlich während der Aufführung mitten auf der Bühne. Das Publikum lachte und klatschte. Der Name des Stücks: «Schlafzimmergäste».

Concierge Baettig

Im einstigen Hotel «Urban» beim Zürcher Bellevueplatz schaltete und waltete lange Jahre Concierge Baettig. *Herrmann Mostar* als Gast hat ihm einen Neujahrswunsch reimend geschüttelt:
 «Stets sprach er ja, wenn nett ich bat,
 drum flieht die Not, wenn Baettich naht.»
Baettig betreute auch den Dirigenten *Ernest Ansermet* auf der Durchreise nach Österreich. Es war kurz nach dem Zweiten Weltkrieg, und weil Ansermet wusste, dass in Österreich

Verschiedenes noch knapp war, liess er sich von Concierge Baettig unter anderem eine Rolle WC-Papier ins Gepäck mitgeben.

Wilhelm Baumgartner (1820–1867)

«Boom» nannten die Zürcher den Musiker, Pianisten, Klavierlehrer, Dirigenten und geschätzten Komponisten (ein-, drei- und vierstimmiger Lieder, 45 Männerchöre) Wilhelm Baumgartner aus Rorschach, der sich 1845 endgültig in Zürich niederliess. Mit dem Maler *Koller* und dem Architekten *Semper* gehörte er zu den von *Gottfried Keller* Bevorzugten, und aus Heidelberg schrieb ihm dieser: «Lieber Baum! Ich hoffe, dass Du dato ein grünender Baum seiest, einer, der sich gewaschen hat (woran nicht zu zweifeln, wenigstens innerlich!).»

Wilhelm Baumgartner sass oft mit dem aus Frauenfeld stammenden Strafanstaltsdirektor *Johann Conrad Widmer* zusammen. Gemütlich höckelten die beiden im «Muggenbühl». Plötzlich erhob sich Baumgartner: Gesangsprobe, wenn auch an diesem Tag ohne Begeisterung. Widmer: «Mach dich nur auf den Weg, ich befreie dich dann schon vom Übel!»

An der Probe tauchte Widmer tatsächlich auf und sagte zu «Boom»: «Lass jetzt auch noch ein paar von deinen eigenen Liedern singen, zum Beispiel: ‹Ich bin ein freier Mann und singe›!»

Da murrten einige der Sänger, die ohnehin hauptsächlich Baumgartner-Kompositionen zu singen bekamen. Einer rief: «Ach Quatsch, Widmer, scheren Sie sich doch in Ihr Zuchthaus. Dort können Sie ja mit den Sträflingen singen: ‹Ich bin ein freier Mann und singe›!»

Walter Bernays (1909–1969)

Journalist und Briefkastenonkel Walter Bernays sowie Kabarett-Koryphäe *Otto Weissert* bastelten einst «Zwei Knaben»- oder sogenannte Klapphorn-Verse über Zürich. Zum Beispiel: «Zwei Knaben, rein wie frischer Schnee, / die schwammen einst im Zürisee. / Drauf sprachen sie voll Reue: / ‹Jetzt sehn wir aus wie Säue›.»

Zum Problem «Verkehr» meldeten sie: «Zwei Knaben suchten ohne End / in Zürich ein Parkiergeländ. / Man hat sie nach elf Tagen / ins Irrenhaus getragen.» Sowie: «Ein Knabe, ich verschweig' es nicht, / der wartete aufs grüne Licht. / Dann starb er und verdorrte. / Das war an der Sihlporte.» Dazu noch: «Der zweite Knabe lobesam, / der wartete aufs Nüünitram. / Der Ärmste hiess Fritz Bungert, / man sagte, er sei verhungert.»

Das Radio bekam auch zwei Spritzer ab. Nämlich: «Zwei Knaben lauschten hoffnungsfroh / dem Beromünster Radio. / Der eint' ging aus dem Zimmer, / der andre schläft noch immer.» Sowie: «Zwei Knaben hatten die Idee / und hörten Schweizer

UKW. / Da sprach der eine finster: / ‹Genau wie Beromünster!› »

Rudolf Bernhard (1900–1962)

Am Mittwoch, den 17. Oktober 1962, betrat er zum letzten Mal die Bühne seines Bernhard-Theaters. Am Sonntag darauf starb er, noch nicht 62 Jahre alt: Rudolf Bernhard, einer der letzten schweizerischen Volkskomiker. Zwei Jahre vorher konnte er mit dem Programm «Ein Basler in Zürich» ein Doppeljubiläum feiern: 35 Jahre Bühnenkarriere und 20 Jahre eigenes Theater. In diesem Jubiläumsprogramm ging er, wie er formulierte, noch einmal die Zeiten durch, in denen «man nicht wusste, ob man anständig leben oder anständig versteuern sollte.»

Zum Vertrag, den die Stadt Zürich als Eigentümerin der Liegenschaft einst mit ihm gemacht hatte, meinte Bernhard nach 20 Jahren: «Er war das einzige, was die Stadt Zürich in diesem Theater gemacht hat.»

Bis ins hinterste Bauernhaus drang der Name des beliebten Komikers, nicht zuletzt wegen seiner Mitwirkung an den «Bunten Abenden» von Radio Beromünster. Es mag bezeichnend sein, dass der Lehrer eines Ostschweizer Städtchens (der Amriswiler *Dino Larese* hat's erzählt) einst auf die Frage nach dem ersten Zürcher Bürgermeister — der Vorname sei Rudolf — von einem Schüler die Antwort erhielt: «Der Rudolf Bernhard!»

Bernhard Theater

Karl Suter und *Hans Gmür* fragten den ehemaligen Kulenkampff-Butler *Martin Jente,* zu Gast im Bernhard-Theater, ob es ihm bei ihnen gefallen habe. Jente nachdenklich: «Nachdem ich Sie beide, Herr Suter und Herr Gmür, gesehen und gehört habe, weiss ich erst, was ich an Herrn Kulenkampff hatte.»

Max Bill (1908)

Von Max Bill, Architekt, Designer, Professor, Fachautor, Zürcher Gemeinderat und Nationalrat und so fort, ging das Gerücht, er lasse sein jahrzehntelang im Bürstenschnitt präsentiertes Haar wachsen.

«Wozu das?», fragte ein Journalist. Worauf einer witzelte: «Er will damit zeigen, dass er auch Künstler ist.»

Als Max Bill den Zürcher Kunstpreis erhielt, sagte er in seiner Ansprache unter anderem:

«Am Abend vor meinem sechzigsten Geburtstag scheint es mir schön, hier unter Ihnen zu sein und Sie zu sehen, anstatt dass ebenfalls viele Leute anwesend wären und vielleicht Reden fallen würden mit feierlicher Musik, aber ich läge in einer dunklen Kiste.»

Und: «Ich bin ein wenig in Verlegenheit über diesen Kunstpreis ... unter anderm, weil ich vor Jahren, damals als Gemeinderat, die Erhöhung der Preissumme beantragt hatte und eine Umwandlung in einen allgemeinen Kulturpreis. Die Summe wurde damals erhöht, die Umwandlung abgelehnt. Ich bin somit gewissermassen der Nutzniesser meiner eigenen gemeinderätlichen Tätigkeit.»

Werner Bischof (1916–1954)

Der berühmte Fotograf Werner Bischof war ein stiller, zurückhaltender Nachbar Peter Riesterers in Zürich-Leimbach. Zusammen mit dem Zürcher Schriftsteller *Paul Wehrli* schauten sich *Riesterer* und Gattin bei Bischof dessen Bildband «Japan» an, den der Fotograf seiner Frau Roselina gewidmet hat. Eine der Aufnahmen war betitelt: «Strip-tease, kam mit den Truppen ins Land und wurde asiatisch verfeinert.» Lächelnd fragte Schriftsteller Paul Wehrli, ob Bischof die Damen näher kennengelernt habe. Darauf Bischof knapp: «Ich bin als Fotograf, nicht als Tourist nach Japan gereist.»

Fritz Blanke (1900–1967)

Nach Angaben des Theologen Fritz Blanke vergeht im Zürcher Kantonsrat, dem er selber angehörte, kaum eine Sitzung, ohne dass aus der Bibel zitiert wird. Als einer rief: «Wir sind allzumal Sünder!» notierte Blanke: «In Anlehnung an Römerbrief, Kapitel drei.»

Wenn einer ausdrücklich betonte, er wolle aus seinem Herzen keine Mördergrube machen, kam sein Satz ins Notizbüchlein mit dem Vermerk: «Matthäus». Und als im Rat jemandem vorgeworfen wurde, er sei zu scharf gewesen in seiner Politik, reagierte der Angegriffene mit den Worten: «Ich will Busse tun in Sack und Asche, und bekanntlich ist im Himmel mehr Freude über einen Sünder, der Busse tut, als über 99 Gerechte.» So elegant hätte sich der Ratsherr nicht aus der Affäre ziehen können ohne Lukas und damit ohne Bibel.

Arnold Böcklin (1827–1901)

Arnold Böcklin lebte von 1885 bis 1892 in Zürich. Er ass eines Mittags in einem guten Zürcher Restaurant, zusammen mit Bekannten. Einer von ihnen zeigte auf einen älteren Herrn, der rauchend und eine Zeitung lesend an einem Tisch in der Nähe sass. Das sei, sagte er zu Böcklin, der *Gottfried Keller*.

Böcklin hätte Keller längst gern kennengelernt, ging hinüber und stellte sich höflich vor: «Mi Naame isch Beggli.» Keller, unwirsch wie so oft, kurz: «So?» Und las weiter. Böcklin wiederholte sein Sätzlein. Keller reagierte noch einmal mit «So?» Dann schaltete es bei ihm: «Ja, sind Sie etwa der *Maler* Böcklin?» Und Böcklin: «Ja, ab und zu male ich.» Das war der Anfang einer mehrjährigen engen Freundschaft.

Tatort: die «Meise» im Sommer 1885.

Böcklin und *Gottfried Keller* hatten etwas gemeinsam: sie liebten kurze Spaziergänge, mehr als weite, Ziel sollte stets eine Wirtschaft sein. Ihr Zusammenhöckeln aber verlief sehr oft nicht in anregenden Gesprächen, sondern unter Schweigen und Paffen. Böcklin kam dennoch wie kaum ein zweiter mit Keller aus. Nur einmal, als Keller, schon kränklich, ihn massiv beleidigte, ging er wortlos von dannen. Und sagte zu einem Bekannten: «Eigentlich müsste ich mich mit Keller duellieren. Aber er ist ja so klein, ich kann mich doch nicht mit ihm schlagen. Verkehren kann ich natürlich nicht mehr mit ihm; der ist für mich erledigt.»

Zwei Tage danach höckelten sie wieder beisammen.

Für posierende Modelle brauchte Arnold Böcklin kein Geld: er bedurfte ihrer nicht. Frauen und Männer malte er nach Bildchen-Vorlagen auf Zündholzschachteln. Felsen ins Bild? Kein Problem für Böcklin, von dessen weltweit verbreiteter «Toteninsel» es vier Fassungen gibt; er hatte ein von Ischia mitgebrachtes Stücklein Fels im Atelier und liess sich davon inspirieren, so wie ihm eine Perlmuttmuschel half, beim Malen des Meeres die richtigen Farben zu wählen. Bilder, an denen er malte, betrachtete er prüfend in seinem grossflächigen Atelier-Standspiegel, in dem er auch Posen und Mimik seiner Figuren studierte.

Andreas Böhm (1901–1952)

Kammersänger Andreas Böhm, der nachmals während einer Generalprobe zum «Fliegenden Holländer» tödlich verunglückte, im Restaurant «Conti» zum Cellisten *Julius Bächi,* erbost über eine ungerechte Rezension: «Die Kritiker sind alle wie Eunuchen. Sie wissen genau Bescheid, wie man es machen soll, aber selber können sie es nicht.»

Johannes Brahms (1833–1897)

Komponist Johannes Brahms, häufiger Gast in der Schweiz und nicht zuletzt in Zürich, taufte kalauernd die Stadt Winterthur in «Sommermoll» (Winter-Dur) um.

Johannes Brahms kam letztmals im Herbst 1895 nach Zürich, um am 20. Oktober zur Eröffnung der neuen Tonhalle sein Triumphlied zu dirigieren. Bei diesem Anlass wurde er ungeheuer umjubelt. Den Abend verbrachte Brahms im Hause eines reichen Zürcher Kunstfreundes, der auch den Geiger *Joachim*, den Dirigenten *Friedrich Hegar* und überhaupt das ganze musikalische Zürich eingeladen hatte. Gastgeber waren die Familie *Schwarzenbach-Zeuner* im Haus ‹Zum Windegg› an der Stelle des heutigen Seiden Grieder.

Im schönen Treppenhaus war eine von der Tochter des Hauses und ihren Freundinnen bediente kleine Schenke improvisiert, wo es Sauser im Stadium gab. Hier schlug Brahms sein Hauptquartier auf, sass scherzend und lachend im Kreis der jungen Mädchen und war kaum zum Aufbruch zu bewegen.

Solche Fröhlichkeit war bei Brahms freilich nicht die Regel. Ein Freund jedenfalls nannte den oft schlecht Gelaunten den «grössten Schimpfoniker der Gegenwart». Und in Wien ging gar das Bonmot um: «Wenn Brahms so richtig übermütig und fröhlich ist, lässt er singen: ‹Das Grab ist meine Freude›.»

Peter Brogle (1933)

Wer mit oder in Zürich zu tun hat, wird von Interviewern gern mit einer Frage beglückt, die mit der Limmatstadt in Zusammenhang steht. Auch der Schauspieler Peter Brogle – Zürich Wahlheimat, Basel Vaterstadt – kam 1965 an die Reihe. Gefragt, wohin er einen ausländischen Gast führen würde, erstens in Basel und zweitens in Zürich, antwortete er: «In Basel an die Fasnacht, in Zürich *nicht* an die Fasnacht.»

Paul Burkhard (1911–1977)

1960 wurde dem Komponisten Paul Burkhard die Hans Georg-Nägeli-Medaille der Stadt Zürich verliehen. Stapi *Emil Landolt* berichtete in seiner Ansprache vom 27. Januar:

«Wie populär das ‹O mein Papa›-Chanson selbst in den entlegensten Dörfern und Städten des Auslandes ist, zeigt folgende Episode: In einem Dorf bei Passau, so lesen wir in einer bayerischen Zeitung, wurde ein Mitglied des Kriegervereins mit den in Deutschland üblichen ‹militärischen Ehren› beigesetzt. Nachdem der Pfarrer gesprochen hatte, spielte die Kapelle das Lied vom ‹Guten Kameraden›, und drei Böllerschüsse krachten über das offene Grab. Dann aber wollten die Dorfmusikanten auch noch zum Ausdruck bringen, dass der Verblichene nicht nur ein erfolgreicher Krieger, sondern auch ein treusorgender Familienvater war. Und deshalb stimmten sie als Trauer-Choral Paul Burkhards ‹O mein Papa› an. ‹In der Trauergemeinde blieb kein Auge trocken›, so schliesst der Zeitungsbericht.»

Friedrich Dürrenmatt hatte erwähnt, dass erganz gern einmal ein Stück mit Musik schreiben würde. 1957 begannen er und Paul Burkhard an «Frank V.», der «Oper einer Privatbank», zu arbeiten. Wenn Dürrenmatt und Burkhard gemeinsam Spaziergänge unternahmen, rief ihnen Dürrenmatts Gattin Lotti nach: «Ich bin ja gespannt, wen ihr diesmal wieder umbringt.» Und Dürrenmatt blieb unterwegs, während man Details zur Oper, nämlich zur Geschichte einer Gangsterbande, besprach, plötzlich stehen und sagte: «Paul, wir müssen für Lotti wieder einen totschlagen.» Das war kein blosser

Scherz – Dürrenmatt liess in seiner Oper dann tatsächlich wieder jemanden umkommen. Bis nur noch ein einziger, der junge Bankbeamte ohne Schuld und Fehl, überlebte. Dürrenmatt nannte ihn, nach Burkhard, «Päuli». Aber als er eines Tages andeutete, der Päuli müsse wohl auch noch dran glauben, erwiderte Paul Burkhard eilig: «Dann heisst er aber nicht Päuli!»

Heiri Burkhardt (1918–1978)

Die Leute vom Tiefbauamt haben graue Plastikmäntel. Auch Stadtrat Heinrich Burkhardt, Vorsteher des Tiefbauamtes, trug einen. Als Zeichen der Verbundenheit mit seinen Mannen. Und weil der Mantel praktisch ist. Als er freilich eines Tages mit diesem Mantel im Tram fährt, schlüpfen zwei Buben flink aus dem Wagen mit der Bemerkung: «Komm, wir hauen ab, da kommt ein Kontrolleur!»

Das Projekt für das Kasino Zürichhorn war fast dreissig Jahre alt, als der Bau im Mai 1965 eingeweiht werden konnte. Eine Schulklasse sang denn auch an der Einweihung: «An öisem schöne Zürisee / cha mer s stolz Kasino gsee; / lang isch es gange, es isch waar, / drum händ au vill scho graui Haar.»

Übrigens wies bei der gleichen Gelegenheit der Vorstand des Bauamtes II nach, dass in Zürich punkto Städtebau seit 100 Jahren kein grosser Schritt mehr getan worden sei. Grund: immer noch puritanischer Charakter der Bevölkerung, tiefe Skepsis wirklich grossen Projekten gegenüber, Ablehnung jedes Baus, der monumental ist oder nur kostspieliger Repräsentation und nicht einem praktischen Verwendungszweck dient.

Er sagte dazu: «Es entbehrt denn auch keineswegs der tiefern ironischen Bedeutung, dass die einzige zürcherische Kreation auf baulichem Gebiet, die echte Weltgeltung beanspruchen darf, jene Kinderspielplätze und Freizeitzentren sind, deren Finanzierung den zuständigen Instanzen wohl nur auf Grund der offensichtlichen Harmlosigkeit des Unternehmens abgerungen werden konnte.»

Fritz Busch (1890–1951)

1951. Vorproben mit Dirigent Fritz Busch zu Verdis «Othello», den im Jahr vorher *Knappertsbusch* geleitet hatte. Ein Musiker: «Aha, Sparmassnahmen. Letztes Jahr Knappertsbusch, jetzt nur noch Busch!»

C

Elias Canetti (1905)

Elias Canetti, in Zürich und London daheim, erhielt 1981 den Literatur-Nobelpreis. Von Wien her war er einst mit seiner Mutter nach Zürich gekommen und hier von 1916 bis 1921 zur Schule gegangen. Schweizerdeutsch beeindruckte ihn, wie er in seinem Buch «Die gerettete Zunge» berichtet. Mama jedoch hatte Angst, er verderbe in Zürich sein reines Deutsch. Canetti: «Ich übte das Zürichdeutsch für mich allein, gegen den Willen der Mutter, und verheimlichte vor ihr die Fortschritte, die ich darin machte. Es war, soweit es um die Sprache ging, die erste Unabhängigkeit von ihr, die ich bewies, und während ich in allen Meinungen und Einflüssen ihr noch untertan war, begann ich mich in dieser einzigen Sache als ‹Mann› zu fühlen.»

Zarli Carigiet (1907–1981)

«Für die Stadt Zürich empfinde ich namentlich deshalb Gefühle der Dankbarkeit, weil ich auf dem Boden Zürichs ‹Zarli› werden durfte und wurde.» Das pflegte Zarli Carigiet, zuerst Maler und Bühnenbildner, danach Kabarettist, zu sagen, der oberhalb Uetikons an herrlicher Aussichtslage ein ‹Güetli› besass.

Zarlis Start in Zürich: Er trifft einen ehemaligen Schulkollegen, der ihn, den just Beschäftigungslosen, in den Bündnerverein schleppt. Der Verein probt Theater in den ‹Kaufleuten›. Alle Rollen bis auf eine sind besetzt. Nur ein Zigeuner fehlt noch. Weil Zigeuner und ‹Zaineflicker› im Bündnerland früher Hunde bei sich hatten, teilt man Zarli auch einen Vierbeiner zu, eine «Mischung von Bernhardiner und Einfamilienhaus», wie Carigiet berichtet.

Probe. Zarli singt rollengemäss: «I kumm vo Vaz.» Der Hund heult. Zarli: «Philax, singst *du* oder sing *ich?*» Und wieder: «I kumm vo Vaz.» Der kalbsgrosse Philax: «Wuu-wuu-wuaaaauuu!» Zarli wütend: «Fertig, hinaus mit dir!» Philax pariert, trollt sich, bleibt aber mit der Leine an einer Klinke hängen. Zarli: «Da krachte die Gaststube zusammen; nur mein Schädel ragte aus den Trümmern.» Der Applaus war enorm, aber «nid wäge dr Güäti, nur wäge dr Kuriöösi.»

Schauspieler und Kabarettist Zarli Carigiet zu *Helmut Lohner,* der 1976 nach der Vorstellung von «Mädl aus der Vorstadt» noch ein Bernhard-Apéro-Fest besuchte: «Bist du der grosse Lohner?» Und Lohner zu Carigiet: «Ist es wahr, dass Sie einmal ein ganzes Aquarium mitsamt zwei Goldfischen ausgetrunken haben?»

Carigiet: «Stimmt nicht ganz. Ich habe nur die Goldfische verschluckt, nicht aber das Wasser.»

Giacomo Casanova (1725–1798)

Anfangs April 1760 kam von Schaffhausen her der Spieler, Abenteurer, Herzensbrecher Giacomo Casanova, der sich auch Chevalier de Seingalt nannte, nach Zürich. Venezianer war er, zu jener Zeit 35 Jahre jung. Er stieg im berühmten Hotel Schwert ab, blieb etwa zweieinhalb Wochen in Zürich, kam durch Empfehlungsbriefe mit zwei Familien, *Pestalozzi* und *Orelli,* in Kontakt. Die beiden Familienväter nahmen ihn ins Stadtkonzert mit, und Casanova schreibt: «Ich fand das Konzert schlecht und langweilte mich. Die Männer sassen sämtlich zur Rechten, die Frauen zur Linken.»

Bei beiden Familien war er zum Essen eingeladen, an beiden Orten gefiel ihm die Tochter des Hauses. Aber er führte sich manierlich auf, obschon Pestalozzis «reizende Tochter sehr geeignet gewesen wäre, mich zum Tonfall der Galanterie zu verleiten. Zu meinem grossen Erstaunen blieb ich ganz sittsam, und nach vier Tagen war mein guter Ruf in der ganzen Stadt begründet.»

Einmal nahm es dem Herzensbrecher Casanova den Ärmel doch herein. Vom Gasthoffenster im «Schwert» aus sah er in scharfem Trab einen vierspännigen Wagen heranfahren, dem vor dem Hotel vier Damen entstiegen. Drei fand er ungeniessbar, die vierte, als Amazone gekleidete, gefiel ihm überaus: eine junge Brünette mit schön geschnittenen, grossen Augen, fein geschwungenen Brauen, einem Teint wie Lilien und Rosen, einer Mütze von blauem Atlas mit silberner Troddel. Das war am 23. April 1760.

Begeistert meldete er sich beim Kellner zur Table d'hôte, erfuhr aber, dass die Damen aus Solothurn im Hotelzimmer speisen würden. Er schenkte dem Kellner ein Goldstück, machte sich einen Soldatenzopf, schlug den Halskragen herunter, band eine Schürze über eine scharlachrote, goldbestickte Weste, liess sich ein Tranchiermesser geben und bediente die vier Damen als Kellner, wechselte nach der Suppe die Teller, tranchierte kunstgerecht einen Kapaun, wurde von der Schönen freilich erkannt, schnürte ihr ‹ganz zu Dienst› nach dem Essen noch die Reisestiefel auf, während sie einen Brief schrieb. Und war selig. Nachts träumte er von der Holden.

Anderntags musterten ihn alle vier Frauen neugierig vom Hotelfenster aus. Da wusste er: die Angebetete hatte Plaudertasche gespielt, ihn verraten. Er gab das Kellnern auf und ging, wie er schreibt, «traurig und erzürnt durch die Stadt.»

Nello Celio (1914)

Vor einem Gespräch mit Alt-Bundesrat und -Finanzchef Nello Celio tritt im Bernhard-Theater eine blonde französische Sängerin auf, deren Décolleté attraktiver ist als Stimme und Chansons. Als danach Celio mit den Worten «Nach Ihrer Meinung stecken wir in einer gefährlichen weltweiten Krise» angesprochen wird, meint er neckisch: «Nun ja, man kann nicht gut sagen, dass wir in einer Krisenzeit leben, wenn man vorhin gesehen hat, wie gut gefüllt das Décolleté der Sängerin noch ist.»

Und auf den Hinweis, dass ein Bundesrat, der den eidgenössischen Finanzen vorstehe, nicht viel zu lachen habe, reagiert Celio: «Doch doch, auch der Finanzminister kann gut lachen. Zahlen müssen ja die anderen.»

Winston Churchill (1874–1965)

Winston Churchill hielt sich vom 23. August bis 20. September 1946 in der Schweiz auf. Vorsichtshalber wurde er in Zürich nicht vom Hauptbahnhof, sondern schon vom Bahnhof Enge aus in sein Logis gebracht, ins Dolder Grand Hotel. Von der Aussicht auf den See, von den herrlichen Zürichbergwäldern, vom weichen Hotelbett hatte er nicht viel. Er feilte vielmehr die ganze Nacht hindurch bis um 7 Uhr früh an seiner Rede, die er selbigen Tags in der Universität halten sollte. Aus dem Stegreif sprach er danach auf dem Münsterhof.

Anschliessend, beim Mittagessen, verzichtete er übermüdet auf Tafelmusik eines Streichquartetts, er schlief am Esstisch für einige Zeit ein. Die geplante Pressekonferenz im Dolder fiel aus. Abends Bankett in der «Schipf» in Herrliberg. Nach der Hauptansprache Professor *Löfflers* verhinderte Churchill weitere Reden dadurch, dass er selber das Wort ergriff. Ein Auftritt der Kabarettistin *Elsie Attenhofer* (Vorschlag von Bundesrat *Philipp Etter*) konnte nicht zu Ende gebracht werden, da Churchill hoffnungslos übermüdet war und sich ins Dolder zurückfahren liess, um endlich ein paar Stunden schlafen zu können.

Chuschpergäschtli

Der im Züribiet lebende Amerikaner *Eugene V. Epstein,* dem ein Freund ein Zimmer in der Stadt in einer kleinen Pension nahe der Universität besorgt hatte, wurde an seinem ersten Tag in der Schweiz schon beim Frühstück von einem ETH-Studenten gefragt, ob er das Wort «Chuchichäschtli» aussprechen könne. Das bedeute Küchenschrank, sei ein wichtiger Begriff und habe geradezu magische Bedeutung als eine Art Losungswort.

Epstein versuchte es, brachte zuerst «Kruckipläschtli» heraus, dann «Chukikäschli, Kükenkescher, Chruzitäschli, Chraschergüschtli, Räuschperveschtli, Chuschpergäschtli». Mittlerweile waren weitere Pensionsgäste dazugekommen. Epstein wagte einen letzten, verzweifelten Versuch: «Chuchichäschtli». Worauf ihm mitgeteilt wurde: «Jetzt sind Sie einer der Unseren». Epstein Jahre später in seinem Buch «Once Upon an Alp»: Das Kunststück, dieses Wort richtig auszusprechen, habe er seither nie wieder fertiggebracht.

D

Max Daetwyler (1886–1976)

Varlin hat Stapi *Emil Landolt* in der Grösse 220 auf 150 cm gemalt (Öl auf Leinwand), *Max Frisch* 200 auf 140 cm. Und den Friedensapostel Max Daetwyler immerhin auch noch — wie der Bärtige mit der weissen Friedensfahne stolz zu vermerken pflegte — 195 auf 74 Zentimeter.

Als Friedensapostel Max Daetwyler — wie üblich — in schwarzem Anzug, schwarzen Halbschuhen («Max Daetwyler geht so gut, weil er in guten Schuhen geht...»), mit Veloklammern, Rucksack und Fahne zum 100-Kilometer-Marsch von Zürich nach Hannover aufbrach, wurde er gefragt, wo er die erste Nacht zu verbringen gedenke.

«Irgendwo unterwegs», meinte Daetwyler unbekümmert, «wer ein gutes Gewissen hat, kann auch zu ebener Erde ruhen.»

Gefragt, ob er einen kurzen Leitspruch, sozusagen für auf den Schreibtisch habe, antwortete der Friedensapostel: «Nein. Aber von einem Kurpfuscher heisst es, er habe einen Leitsatz gehabt. In seinem Wartezimmer stand gross für die Kunden: ‹Gegen den Tod...›. Und auf dem Schreibtisch stand ganz klein für ihn selber: ‹... ist kein Kraut gewachsen.› »

Friedensapostel Max Daetwyler war kein Schufter, kein Haster, kein Gestresster. Er pflegte mit einem Seitenblick auf *Gottlieb Duttweiler* und die florierende Migros zu sagen: «De Dutti hät Gält, de Dätti hät Ziit.»

Helen Dahm (1878-1968)

Ein begüterter Zürcher Geschäftsmann bat *Peter Riesterer,* ihm beim Kauf eines Bildes der Malerin Helen Dahm behilflich zu sein. Der Kauf wurde im Atelier der betagten Künstlerin abgeschlossen. Helen Dahm lud den Geschäftsmann und dessen Frau zu einer Tasse Kaffee ein. Aber die beiden winkten dankend ab, nachdem sie die nicht ganz sauberen und leicht beschädigten Tassen gesehen hatten, irgendeine Entschuldigung ins Feld führend.

Zurück blieb Helen Dahm mit Peter Riesterer. Und die Künstlerin meinte mit schelmischem Blick: «Wenn die arbeiten müssten, würden sie auch aus solchen Tassen trinken ... allerdings könnten sie keine Bilder kaufen.»

Peter Riesterer berichtet: «Ein Jahr vor ihrem Ableben rief uns Helen Dahm an. Sie fühle sich so einsam und möchte gern mit uns in Oetwil am See Weihnachten feiern. Sie verstand sich sehr gut mit unserem Töchterchen Barbara (Geburtstag: 25. Dezember). Auf dem Tisch der Einsamen standen herrliche Gänseleberpasteten, gebratenes Huhn, Langusten, Torten, Trauben, Weine. Helen Dahm, unsere überraschten, staunenden Gesichter wahrnehmend: «Alles von Leuten, die hoffen, dass ich ihnen testamentarisch eines meiner Bilder vermache.»

Fred Dolder (1898)

Erster Inhaber des im April 1932 eröffneten Hotels «St. Peter» (In Gassen 10, ab 1974 Personalrestaurant des Schweizerischen Bankvereins), war Fred Dolder, international bekannt geworden als Ballonpilot.

In Fred Dolders Hotel stieg Prominenz ab: von Giuseppe Motta über Le Corbusier bis zu Thomas Mann und Schachweltmeister Aljechin, aus der Theaterwelt Moissi, Bassermann, Wegener und Tilla Durieux. Man bezahlte pro Nacht einen Fünfliber; Morgenblatt, Abendapfel und Service inbegriffen. Kuriosum: Im Gartenbassin zwischen Peterskirche und Hotel durften die Gäste selber eine Forelle fischen. Der eingefangene Fisch wurde numeriert und vor den Augen des Gastes zubereitet, der dann vermutlich, die «beste, weil selber geangelte, Forelle seines Lebens» verzehrte.

Jakob Dubs (1822–1879)

Hätte Staatsanwalt *Jakob Hotz* als Verwandter nicht eingegriffen, so wäre Jakob Dubs von Affoltern am Albis vermutlich Kronenwirt statt Bundesrat (1861-1872) geworden. Dessen Vater, Wirt, Metzger und Mühlenbesitzer, holte seinen Sohn, den Juristen, immer wieder heim in die «Krone», wo Jakob Dubs hinterm Buffet als Kronenwirt-Anwärter Bier ausschenken und an den Tischen Lücken füllen musste, wenn der Dritte oder Vierte zum Jass fehlte. Dabei brachte es Jakob allerdings nicht so weit wie sein ungeheuer starker Vater, der im Jasseifer gelegentlich mit Fausthieben Tischecken abgeschlagen haben soll.

Cedric Dumont (1916)

Als Cedric Dumont, Gründer des Unterhaltungsorchesters vom Landessender Beromünster, Unterhaltungschef von Radio DRS, Direktor des Radiostudios Zürich und anderes mehr, noch in Basel wirkte, wurde er von einer Zeitung zum Silvester gefragt: «In welcher Stadt, in welchem Land oder in welcher Landschaft würden Sie am liebsten leben?» Er antwortete knapp und pointiert: «Als Berner, der in Basel lebt, gesteh ich's: in Zürich.»

Was ihn schliesslich herlockte, war ein Grundstückangebot – nicht der Stadt Zürich, sondern in Uerikon, hoch über dem Zürichsee, nahe dem Waldrand. Der Preis: erstaunlich vernünftig. Dumonts warteten auf den Pferdefuss des verlockenden Angebots. Der Besitzer des Grundstücks wies auf einen alten, prächtigen, blühenden Kirschbaum. Und fragte: «Was machen Sie mit dem Baum?» Drauf Dumont: «Was meinen Sie damit?» Bauer: «Er steht Ihnen doch vor der Aussicht. Wollen Sie ihn nicht umlegen lassen?» Dumont: «Ich denke nicht daran.» Worauf der Besitzer trocken brummt: «Gut, Sie erhalten das Grundstück. Alle anderen Interessenten wollten ihn fällen.»

Friedrich Dürrenmatt (1921)

Friedrich Dürrenmatt, Berner Pfarrerssohn, wurde von einem Bekannten bestürmt, seinen Vortrag über Gott zu besuchen. Dürrenmatt: «Ich komme unter der Bedingung, dass Sie Lichtbilder zeigen.»

Gottlieb Duttweiler (1888-1962)

Eine aufsehenerregende, nicht gerade parlamentarischen Gepflogenheiten entsprechende Tat war, so Ex-Nationalrat Werner Schmid, Gottlieb Duttweilers legendärer Steinwurf im Bundeshaus am 7. Oktober 1948. Das Erregendste daran war die Ruhe, mit der der Wurf vollbracht wurde. Schmid: «Er sei an diesem Tage, so erzählte mir Gottlieb Duttweiler später, am Abend nach Hause gekommen, habe seiner Frau die Tat gebeichtet und hierauf die ganze Nacht so gut geschlafen wie selten...»

Eine Bekannte Gottlieb Duttweilers ist mit ihrem Töchterlein bei «Dutti» zu Besuch. Die Fünfjährige plötzlich: «Mama, der Mann hat aber grosse Ohren!» Duttweiler lachte schallend und sagte: «Du hast ganz recht. Weisst du, ich brauche grosse Ohren, weil ich das Gras wachsen hören muss.»

Adele Duttweiler wurde von einem Journalisten gefragt, was sie vom «Migros-Frühling» (Opposition) halte. Ihre Antwort: «Diese Leute kommen mir vor wie eine Frau, die von Haushaltung nichts versteht und Haushaltlehrerin sein möchte.»

Im Zusammenhang mit der Migros-Krise in den vierziger Jahren nahm Gottlieb Duttweiler seine Frau *Adele* zu einem stürmischen Treffen mit. Vorerst schwieg sie. Erst, nachdem jeder einzelne der Kader-Mitarbeiter seinen Kropf geleert hatte, nahm sie das Wort. Ihre Blicke wanderten von einem Mann zum andern, als sie in ihrer verhaltenen Art sagte: «Ihr seid schliesslich keine Buben mehr gewesen, als ihr zur Migros kamt. Ihr habt meinen Mann schon vorher gekannt und gewusst, dass er nicht einfach ist. Wäre er anders gewesen, so hätte er die Migros niemals geschaffen.» Und dann, nochmals einen ruhigen, aber abschätzenden Blick auf die Runde werfend: «Ihr alle zusammen hättet keine Migros gemacht!»

E

Edmond

Lange Jahre vor und nach 1950 servierte ein grossgewachsener Walliser vornamens *Edmond* als Ober, Garçon, Barman in Zürcher Altstadtlokalen, so in der alten «Castel-Bar» an der Münstergasse. Mit ungeheurer Seelenruhe meisterte er fast alle Situationen, wurde er mit jedem Meckerer fertig. Trocken servierte er seine Sprüche, und Gelächter trat an die Stelle von Spannung. Als ein Gast sich abfällig über die Qualität eines Schöppchens Pinot äusserte, sagte Edmond freundlich: «Lieber Herr, nicht einfach drauflosschimpfen. Vielleicht putzen Sie zuerst einmal Ihre Zähne, danach werden Sie merken, wie gut unser Pinot in Wirklichkeit ist.»

Wenn ein Gast reklamierte, er warte schon eine halbe Ewigkeit auf sein Getränk, pflegte Kellner Edmond in Stosszeiten etwa zu sagen: «Nun hören Sie mir bitte ganz schön zu! Ich muss Ihnen das erklären. Nämlich: Ich habe nur zwei Füsse, zwei Hände und einen Kopf. Hätte ich vier Füsse, vier Hände und zwei ‹Grinde›, würde ich nicht hier als Kellner arbeiten, sondern als vielbestaunte Attraktion in der Zirkusmenagerie. So, und da haben Sie Ihr Bier!»

Albert Einstein (1879-1955)

«Ich verstehe Einstein nicht, aber die heutigen Gymnasiasten verstehen ihn. Wir müssen also auf die Zukunft hoffen.» Das hat der Dramatiker Eugen Ionesco gesagt.

Apropos Einstein: An der Unionstrasse 4 in Zürich-Hottingen kann man auf einer Gedenktafel nachlesen, dass Albert Einstein, Bürger von Zürich seit 1901, von 1896 bis 1900 in Zürich gewohnt hat. Bei einer Frau Kägi war er, zweimal übrigens, im Logis, dazwischen bei einer Frau Markwalder an der Klosbachstrasse 87 und endlich noch bei einer Familie Hägi an der Dolderstrasse 17, alles Zürich-Hottingen. Gediegen zu wohnen hat ihn auch in Zürich nicht interessiert. Von seinen Habseligkeiten lag ihm die Geige vor allem am Herzen. Mit Studienfreunden traf er sich ab und zu im Café «Metropol». Einmal kam er zu spät. Grund: «Die Glätterin, bei der ich wohne, hat mir gestanden, sie könne gerade noch einmal so gut plätten, wenn ich Violine spiele. So habe ich eben noch eine Weile weitergespielt.»

Spielte Albert Einstein gut Violine? Er hat sich jedenfalls bis zu Tartinis «Teufelstriller» vorgewagt. Aber Pianist Arthur Schnabel soll mit ihm zusammengespielt und gesagt haben: «Albert, es ist zum Rasendwerden, du kannst nicht auf drei zählen.»

Als Student in Zürich zerriss Einstein keine grossen Stricke. Noch kurz vor seiner Diplomierung im Frühjahr 1900 erhielt er einen schriftlichen Verweis wegen seiner unentschuldigten Absenzen. Dazu sagte Einstein über sich selber: «Gott schuf den Esel und gab ihm ein dickes Fell.»

Relativitätstheorie? Marlene Dietrich dazu in ihrem ersten Memoirenband, Blanvalet-Verlag: «Einstein, Albert: Seine Relativitätstheorie, wie er sie dem Laien erklärte: ‹Wann hält Zürich an diesem Zug?›.»

Einstein selber, einmal in diesem Sinne zum Relativen kommend, lange vor dem Zweiten Weltkrieg: «Heute werde ich in Deutschland als deutscher Gelehrter, in England als Schweizer Jude bezeichnet. Sollte ich aber dereinst in die Lage kommen, als *bête noire* (schwarzes Schaf) präsentiert zu werden, dann wäre ich umgekehrt für die Deutschen ein Schweizer Jude, für die Engländer ein deutscher Gelehrter.»

Erdbeben

1911 gab es wegen eines Erdbebens im alten, vollbesetzten Corsotheater eine Panik. Ein Mann packte in der Aufregung seinen Stuhl als wertvollstes Objekt und flüchtete ins Freie, seine Frau im Theater zurücklassend. Sie hatte neben ihm gesessen. Im ersten Zorn reichte die Frau ein Scheidungsbegehren wegen Ehezerrüttung ein.

Philipp Etter (1891–1977)

Landi 1939 in Zürich. Bundespräsident Philipp Etter sitzt mit seiner Gattin in der «Fischstube», bestellt Wein und gebackenen Hecht für zwei. Am gleichen Tisch: ein älterer Zürcher Trämler, der mit dem Tischnachbarn ins Gespräch zu kommen versucht: «Sie sehen dem Bundesrat Etter kolossal ähnlich. Schön wär's, wenn man einen so grossen Zahltag wie der Etter einstreichen könnte.»

Frau Etter wendet ein: «Ein Bundesrat hat doch auch allerhand Spesen.»

Das leuchtet dem Trämler ein: «Ja ja, und dann hat er auch noch zwölf Kinder, der Etter.»

Philipp Etter gesteht danach, er sei der Bundespräsident. Worauf der Zürcher ebenfalls Wein und gebackenen Hecht bestellt. Nach dem Essen erhebt er sich und sagt: «Jetzt gehe ich heim und erzähle meiner Familie, dass ich mit dem Bundespräsidenten am gleichen Tisch gesessen, den gleichen Wein und den gleichen Fisch wie er gegessen habe.»

Zwanzig Minuten später ist er wieder da. Und bittet: «Meine Frau hat mich einen fürchterlichen Aufschneider gescholten. Bitte, Herr Bundespräsident, bestätigen Sie mir die Episode schriftlich!» Etter tat's, und triumphierend zog der Zürcher von dannen.

F

Franz Fischer (1900–1980)

Bildhauer Franz Fischer, in Prag als Zürcher Bürger geboren, erzählte in einer Podiumsveranstaltung, dass er als Künstler mit 20 Jahren um Stundung seiner Steuerraten bitten musste und vom Beamten bürgerlich ermahnt wurde: «Sie sollten halt arbeiten, junger Mann!»

Werner Finck (1902–1978)

Kabarettist Werner Finck, Lieblingsfeind von Goebbels, wurde nach Beendigung des Zweiten Weltkrieges eingeladen, in Zürich Einleitungsworte zu dem in München spielenden Stück «Begegnung» zu sprechen. Er freute sich, nach Jahren der Enthaltsamkeit und der Würste «halb Pferd/halb Sägemehl», wieder einmal richtige Bananen zu sehen.

Um 12.07 Uhr nahm er in Kreuzlingen vom Zöllner Lebensmittelcoupons entgegen. Um 13.45 Uhr setzte er sich als geladener Gast in Zürich schon an die Mittagstafel, lechzend nach einem guten Essen. Er notierte dazu: «Wir essen im ‹Storchen›. Nein, essen trifft es nicht: speisen, noch besser: dinieren. (Ehrlich gesagt: fressen).»

Im Hotelzimmer schaltete Finck, aus dem Lande chronischer Stromsperre kommend, strahlend wie ein Kind sämtliche Lampen und Lämpchen gleichzeitig ein, liess anderntags genüsslich viermal die Wanne mit Badewasser vollaufen, ohne freilich zum Baden zu kommen: zu viel musste in die «33 Stunden Schweiz» hineingepfercht werden.

Fleischhalle

Kalbshaxenmoschee, Wädlitempel und Rattenmuseum wurde die Zürcher Fleischhalle an oder auf der Limmat neben der Rathausbrücke genannt. Eröffnet am 10. April 1866, mit kostümiertem Festzug samt 40 bekränzten Prachtochsen eingeweiht, durch Stadtpräsident Mousson übergeben. Eines der «schönsten öffentlichen Gebäude der Stadt», so damals die NZZ.
Und in den sechziger Jahren des 20. Jahrhunderts abgerissen.

Die Fleischhalle war nicht ganz problemlos. Der vor Jahren sehr betagt verstorbene *Heiri Gysler*, ein Schilderer des früheren Zürichs, erinnert sich an seine Bubenzeit, in der er für einen Franken «ein ganzes Gekröse» in der Fleischhalle bekam. Aber: «Von Zeit zu Zeit wurde in der Fleischhalle eine regelrechte Rattenjagd veranstaltet, bei der wir Buben als Treiber willkommen waren. Es waren besonders zwei Bankknechte, die eine geradezu artistische Fertigkeit hatten, einer rennenden Ratte das Messer mitten durch den Leib nachzuwerfen, und oft war ich Zeuge, wie solch ein fast katzengrosser Nager buchstäblich auf dem Lattenrost am Boden aufgespiesst war!»

Fluchen

1881 meldete einer zum Thema «fluchender Zürcher»: «Wenn einer, der je in Zürich lebte, weit draussen in der Welt einen ihm bekannten Zürcher trifft, von dem er aber nicht weiss, ‹ob er's ist›, so warte er nur, denn es vergehen nicht zehn Minuten, so entfährt dem guten Zürcher ein ‹Tunnerhagel› oder ein ‹Strahlecheib›, – und er ist erkannt. Wir Zürcher haben weit in der Welt herum das Renommee, dass selbst schon gebildete und sogar hochgelehrte Zürcher, wenn sie nicht solche Kraftausdrücke jeden Augenblick bringen dürfen, gar nicht gesund bleiben können. Sie dienen uns zur unentbehrlichen Herzensentlastung. Kein Entsetzen der Fremden ist im Stande, uns diese üble Gewohnheit abzugewöhnen, sie ist uns als Erbübel angeboren. Das Fluchen der Zürcher ist Erbübel, wie das Lorggen der Basler und das Belfern der Sankt Galler...»

François

Wirt François vom Personalrestaurant des Radiostudios Zürich benennt seine Gerichte oft aktuell. Da gab's einen Bauernteller «Land und Lüt» nach einer langjährigen Sendereihe. Auch oft gespielte Musiker wie Armstrong und Toscanini kommen zum Zug. Einmal stand ein Gericht «à la Tina» auf der Karte; *Elisabeth Schnell* von Radio Zürich musste an jenem Tag ihre muntere Dackelin Tina durchs Lokal führen, um zu zeigen, dass ihr Liebling nicht in den Kochtopf gewandert war.

Und 1982 ging's schief, weil François zu aktuell wurde, ein Fleischgericht «polnische Art» anschrieb und dazu in Klammern erklärte «Wenig Fleisch, viel Sauce».

Frauenfrage

21. Februar 1983. Detailberatung im Zürcher Kantonsrat zum Wahlgesetz. Antrag einer Biologin, den folgenden Passus im Gesetz festzuhalten: «Die in diesem Gesetz verwendeten Amts- und Berufsbezeichnungen wie ‹der Präsident›, ‹der Richter›, ‹der Lehrer› usw. beziehen sich selbstverständlich auf männliche und weibliche Stimmberechtigte.» Sprachliche Konsequenzen der Frauenemanzipation! Eine andere Kantonsrätin namens *Ursula Koch* ging, allerdings ebenfalls erfolglos, noch weiter. Ihr Antrag: Im ganzen Gesetz sind durchwegs die weiblichen Formen als Funktionsbezeichnung zu verwenden. Und bei den allgemeinen Bestimmungen muss erklärt werden, dass sich diese Amts- und Berufsbezeichnungen selbstverständlich auch auf männliche Stimmberechtigte beziehen.

Nach dem Antrag von Ursula Koch forderte ein Zwischenrufer, dass es anstatt «Antrag Koch», nunmehr «Antrag Köchin» heissen solle.

«Soll die Frau den Mann in die Wirtschaftslokale begleiten?» So hiess 1925 ein Artikel in der Schweizerischen Wirtezeitung. Und darunter: «Welcher Frau wäre es bis noch vor wenigen Jahren eingefallen, mit ihrem Mann ins Wirtshaus zu gehen? Als in den Städten Zürich und Bern erstmals Herren ihre Frauen in die Restaurants mitbrachten, machte man ziemlich lange Gesichter. Wie soll sich der Wirt zum Damenbesuch in Herrenbegleitung stellen? Ganz entschieden sehr wohlwollend.» Hierzu 50 Jahre später Vizepräsident *J. Wichser* vom Schweizer Wirteverband: «Von der ledigen Frau wurde in diesem Zusammenhang nicht gesprochen.»

Max Frisch (1911)

Im bürgerlich-deftigen Restaurant «Kropf» in Zürich begegnet *Peter Riesterer* Max Frisch, der an einem Tisch Wein trinkt. Geht auf ihn zu, grüsst. Aber Frisch, in sich versunken, kann sich nur verschwommen an ihn erinnern: «Helfen Sie mir bitte nach!»

Riesterer: «Wir waren zusammen im Wahlkollegium Lilian Uchtenhagen, wir schreiben beide. In Ascona haben wir im Beisein einer jungen, blonden Frau über ‹Montauk› gesprochen.»

Da wird Frisch munter: «Jawohl, jetzt erinnere ich mich, die blonde Dame in Ihrer Begleitung...»

Als Architekt und Schriftsteller Max Frisch sein «Neue-Stadt»-Projekt schuf und gewerweisst wurde, wie man diese Stadt benamsen könnte, schlug Hans Gmür vor: Frischtambul.

Wilhelm Furtwängler (1886–1954)

Der Dirigent Wilhelm Furtwängler während des Probens einer Brucknersinfonie 1949 in der Tonhalle: «Sehr schön, meine Herren, geht's nicht noch besser?»

Fussball

Max Frisch gilt als eher distanziert und abweisend. *Paul Münch,* der ihn 1968 in Männedorf interviewte, fand dann, dass Frisch im persönlichen Gespräch viel menschlicher und zugänglicher wirke, als man gemeinhin annehme. Vor allem beeindruckte ihn Frischs Begeisterung für den Sport. Als er den Autor kurz nach dem Interview wieder traf, stand dieser fassungslos und betrübt vor der Kasse zum Zürcher Fussballstadion Letzigrund: «Ausverkauft». Münch: «Wie gern hätte ich ihm mit meinem Presseausweis das sonntägliche Vergnügen eines spannenden Fussballmatches ermöglicht – aber Max Frisch, getarnt als Sportjournalist, das war mir doch zu riskant.»

Nicht nur *Max Frisch,* auch *Friedrich Dürrenmatt* ist Fussballfreund. Dürrenmatt: «Immer, wenn die Grasshoppers verloren haben, kann ich eine Woche lang nicht schreiben.» Hierzu Literaturkenner *Hugo Leber,* leider früh verstorben: «Eine GC-Pechsträhne: es ist nicht auszudenken, was dies für Folgen für die zeitgenössische Literatur haben könnte. Diese wochenlange Traurigkeit des Stückeerfinders, wenn GC (Grasshopper Club, Zürich), wenn ein Sonntagnachmittag, ein Samstagabend ihm den Schreibnerv lähmen.»

Jean-Pierre Gerwig («Schampi»), Radiomann, Sportreporter und anderes, teilte einmal dieses Opus mit:
Hou nei
Nei nei-hou
Nei hou-nei
Nei hou-hou
Nei nei-nei
Hou hou-hou
Hou nei
Nei
Hou!
Ein Gedicht also? Mitnichten! Sondern, so Gerwig: «So hat in meiner Nähe ein älterer Zuschauer einen Fussballmatch kommentiert.»

G

Manuel Gasser (1909–1979)

Der Schriftsteller und Redaktor Manuel Gasser, der in einem Insel-Taschenbuch, «Mein Köchel-Verzeichnis», seine kulinarischen Erfahrungen und Erinnerungen festgehalten hat, erwähnt auch eine Zürcher Beiz, wo aus der Küche ein Duft von Zürcher Kalbsgeschnetzeltem drang. Aber auf der Karte fehlte das Gericht. Als Gasser zur Wirtin sagte, sie propagiere es wohl absichtlich nicht, weil Geschnetzeltes wenig «ausgibt» und weil fast nichts daran zu verdienen ist, lächelte sie verschmitzt: «Ich sehe schon, Sie sind auch Wirt!»

Geld

Minister *Henry Valloton* in einem Vortrag: «Wenn ich von Geld spreche, so spreche ich im Welschland nur von Hunderttausenden von Franken, aber da ich nun in Zürich bin, kann ich ruhig von Millionen sprechen.»

Dazu auch die englische Schauspielerin *Moira Lister:* «Zürich ist die reichste Stadt Europas, wo alles schwitzt vor Reichtum, Geschäftigkeit, Sparsamkeit und Wohlstand, und wo sogar ein Arbeiterjunge stolzer Besitzer von 500 Pfund sein muss, bevor er es riskiert, um die Hand seiner Angebeteten anzuhalten.»

Werner Glinz

Das Bahnhofbuffet Zürich und die Flughafenrestaurants Zürich-Kloten sind die beiden grössten schweizerischen Restaurationsbetriebe unter einem Dach. Der Direktor des Flughafenrestaurants, Werner Glinz, muss, wie der örtliche Anzeiger 1983 meldete, von Berufs wegen öfter Wein degustieren. Als Weinkenner reist er selber zu kleinen Produzenten und wählt aus. Damit sich jedoch sein Leberlein zwischendurch richtig erholen kann, lebt er alljährlich einen Monat lang alkoholfrei. Und zwar immer im Februar. Weil es, wie der Restaurant-Boss fröhlich bekanntgab, der kürzeste Monat ist.

Hans Gmür (1927)

Hans Gmür hätte in einer Radiosendung, es ist eine schöne Zeit her, gern *Louise Martini* dabeigehabt, und für 1000 Franken wäre sie gekommen. Anklopfen beim damaligen Direktor. Der winkt ab: «Unmöglich, 1000 Franken für ein paar Trällerliedchen!» Worauf Gmür: «Frau Martini kommt heute nachmittag ins Studio, wollen Sie nicht selber mit ihr reden?» Und der Direktor: «Abgemacht.» Und beiläufig: «Die kaufe ich zum halben Preis.»

Nachmittags: Louise Martini beim Radiodirektor. Angeregtes Gespräch, Direktor sehr eingenommen von der Sängerin, lässt Charme auf vollen Touren laufen. Und sagt plötzlich zur Martini: «Also wegen der Gage habe ich gedacht, 1000 Franken liegen drin.» Es kommt zum Vertrag. Und der Direktor hinterher zu Gmür: «Haben Sie gesehen, wie man so etwas macht? Die haben wir jetzt doch wirklich günstig eingekauft!»

Hans Gmür schrieb: «98 Prozent aller Strassen Zürichs befinden sich ständig im Umbau. Man hat schon vermutet, dass diese Lust, in die Tiefe zu graben, auf den Einfluss des Zürcher Psychologen *C. G. Jung* zurückzuführen sei.»

Max Greger (1926)

Der deutsche Kapellmeister Max Greger hatte in Zürich zu tun, weil Zürich Schauplatz einer Sendung der Fernsehserie «Der goldene Schuss» war. *Vico Torriani* natürlich dabei. Und als Gast *Teddy Stauffer*. Greger übernachtete im Hotel, wollte in der Frühe ausschlafen, konnte aber nicht, weil im Hotelzimmer nebenan jemand sang, immer hinauf und hinunter. Gesangstraining. Tonleitern. Nach einer Stunde war Greger stocksauer, telefonierte dem Concierge. Er solle dem Unbekannten ausrichten, ein Hotel sei keine Gesangsschule. Wenn der Kerl die Absicht habe, Sänger zu werden, solle er sich doch in einer Frankenfeld-Sendung testen lassen. Worauf der Concierge am Apparat leicht verlegen reagierte: «Aber Herr Greger, neben Ihnen logiert doch Kammersänger *Rudolf Schock*. Da darf ich nicht stören.» Greger gab auf.

Heinrich Gretler (1897-1977)

Heinrich Gretler, ursprünglich Zürcher Oberländer, aber im Quartier Hottingen geboren und gestorben hatte schon als Viertklässler unvorsichtigerweise in einem Aufsatz geschrieben, er wolle Lehrer werden, weil man «da soviel Ferien hat». Resultat: Ohrfeige.

Um 1913 spielte er im Theatersaal des Lehrerseminars Küsnacht in Schillers «Räuber» mit und hatte als Bedienter einen einzigen Satz herauszuschreien: «Amalia ist entsprungen, der Graf ist plötzlich verschwunden!»

Immerhin machte er den Seminarabschluss und wurde tatsächlich Lehrer. Noch lange erinnerte er sich an eine mehrmals sitzengebliebene Achtklässlerin unter seiner Schülerschaft. Als Gretler, dem jemand einst «Gretler, werden Sie Bierbrauer!» geraten hatte, einmal einen von ihr herumgereichten Zettel erwischte, stand darauf: «Wen du Kein Wort mit K Weist, dann schreip der Lerer isch en tumme Keib.»

Heiri Gretler spielte in der Saison 1946/47 am Zürcher Schauspielhaus in Zuckmayers «Des Teufels General» die Ordonnanz Korianke des Fliegergenerals Harras *(Gustav*

Knuth), Knuth war aus dem besetzten Nachkriegsdeutschland kurz zuvor brandmager in die Schweiz gekommen und erwartete seinen Sohn Klaus, der noch bei seiner Mutter, Knuths erster Frau, in Hamburg war und allein seinem Vater nachreisen sollte.

In einer der Wiederholungen war Knuth senior besonders nervös und flüsterte immer wieder: «Heute kommt er ganz gewiss.» Gretler trat als Ordonnanz dauernd auf und ab. Gegen Ende des einstündigen ersten Aktes stand tatsächlich Knuth-Bub Klaus hinter den Kulissen. Gretler extemporierte, ging vorzeitig auf die Bühne, knallte die Hacken zusammen, schmetterte stramm: «Melde gehorsamst, Herr General – Klaus ist da!» Gustav Knuth strahlte.

Adolf Guggenbühl (1896–1971)

In einem Vortrag über den schweizerischen Zeitungsstil gab der Referent Dr. Adolf Guggenbühl vom «Schweizer Spiegel» ein Beispiel zum Wertgrad von Neuigkeiten: Beisst ein Hund einen Mann, dann ist das eine Meldung von bescheidenem Neuigkeitswert. Beisst der Hund einen berühmten Mann, dann ist die Nachricht schon wichtiger. Beisst der Hund den Zürcher Stadtpräsidenten, dann gebührt der Nachricht ein gutes Plätzchen in der Zeitung. Würde aber ein Mann einen Hund beissen, dann wäre ein ausführlicher Bericht fällig. Und sollte gar der Zürcher Stadtpräsident einen Hund beissen, dann wäre das eine Sensation.

Dionys Gurny (1906)

Als Sohn eines desertierten jüdischen Uhrmachers aus dem damals russischen Warschau in Zürich zur Welt gekommen, stand er fast 40 Jahre im Dienste der Stadt Zürich. Unter anderem rund ein Vierteljahrhundert als Sekretär der drei Stadtpräsidenten *Adolf Lüchinger, Emil Landolt* und *Sigmund Widmer*. Ein Blatt schrieb bei Gelegenheit: «Zum Amt des Zürcher Stadtpräsidenten braucht es nicht nur Guri (= Mut), sondern auch Gurny.»

Fridolin Tschudi, Glarner Poet in Zürich, über Dionys Gurny, den Stadtpräsidenten-Sekretär: «Er ist klar und rasch entschieden / und kommt meistens nur zum Sieden, / wenn ein Umstandskrämer kramt. / Seine Energie ist faktisch / ohne Beispiel, weil er praktisch / sozusagen nie erlahmt.»

Sekretär Gurny macht mit seinem Chef *Adolf Lüchinger*, Stadtpräsident, Aufenthalt in Prag. Empfang im Rathaus. Der Prager Oberbürgermeister hält eine kurze Begrüssungsrede in französischer Sprache. Lüchinger hat zwar einen Speech bestens vorbereitet, aber nicht auf französisch. «Was tun?» flüstert er Gurny zu. Dieser, postwendend: «Zwei Minuten auf züritüütsch reden, für die Gastfreundschaft danken, Grüsse aus Zürich erwähnen!»

Lüchinger tut also, kein Tschechoslowake versteht ihn, aber die Geste kommt glänzend an, und alles ist «in Butter».

Stapi *Emil Landolt* äusserte 1957 zum 25-Jahr-Jubiläum Gurnys die Vermutung, der Geehrte sei nach dem Sohn des Zeus benannt worden: «Dionysos, der ‹Gott des Weins und des Weinbaues, der Förderer des Wachstums und Gedeihens überhaupt, eine den Menschen wohlgesinnte und hilfreiche, freudespendende Gottheit› (Schweizer Lexikon, Band I, S. 1035). Irgendwie hat dieser göttliche Name abgefärbt auf Tun und Wesen des heute zu Feiernden. Ist er doch spritzig und sprudelnd wie junger Wein, frisch und fruchtbar in seinen Ideen, ein Freund der Künstler und der Kultur, stets bereit, Feiern und Festlichkeiten durch originelle Einfälle zu bereichern.»

Benno Gut (1897–1970)

Die Äbte von Einsiedeln sind die einzigen Ehrenbürger der Stadt Zürich. Abt Benno Gut ist später noch Kardinal geworden. Als er dem Zürcher Stapi Emil Landolt erzählte, er werde in fünf Jahren von Rom in die Schweiz zurückkommen, fragte ihn dieser: «Und was wollen Sie dann machen?» Darauf witzelte der Kirchenfürst: «Als Zürcher Ehrenbürger im Zürcher Pfrundhaus anfragen, ob ein Plätzchen für mich frei sei.»

H

Haile Selassie (1892–1975)

Nach einem von Stapi *Emil Landolt* angeregten Besuch des Chronischkrankenheims Käferberg will sich Äthiopiens Monarch nach einem nicht sehr üppigen Mahl mit 10 000 Franken erkenntlich zeigen, bestimmt für einen zusätzlichen Dessert, abzugeben an die Spitalinsassen. Emil Landolt, bei der kaiserlichen Geste im «Baur au Lac»: «Majestät, das ist zu viel, das kann ich nicht annehmen.» Darauf der Kaiser: «Aber, Herr Präsident, es ist ja auch gar nicht für Sie bestimmt, sondern für die Armen!»

Ludwig Harburger

Über den geschäftstüchtigen Konzert- und Variétéagenten, der unter zehn Prozent Provision (wie andere auch) nichts vermittelte, erzählte man sich: Ein herkulisch gebauter Mann kommt zu L. H., stellt sich als Kraftmensch vor und möchte ein Engagement haben. Der Agent: «Kommen Sie rasch mit mir ins Variété ‹Wolf› und machen Sie einen Auftritt, dann sieht man gerade, ob Ihre Nummer ein Erfolg ist!»

Sie machen sich auf die Socken. Unterwegs kommen sie an einem Lastwagen vorüber, der in der Kurve zwei grosse, schwere, volle Metallfässer verliert. Der Kraftmensch packt zu, hebt die Fässer mühelos aufs Auto. Dem Chauffeur treten die Augen aus dem Kopf, und er sagt: «Sie, so etwas habe ich noch nie in meinem Leben gesehen. Ich bin nur ein einfacher Lastwagenchauffeur, aber hier haben Sie zehn Franken! Irrsinnig, was Sie da geleistet haben!»

Agent und Kraftmensch entfernen sich. Da sagt der Agent im Weitergehen zum Kraftmenschen: «Nicht wahr, so mühelos haben Sie schon lange nicht mehr *neun* Franken verdient!?»

Emil Hegetschweiler (1887–1959)

Emil Hegetschweiler ist am 15. Oktober 1887 an der Kirchgasse zur Welt gekommen. Jahrzehntelang wohnte er an der Spiegelgasse, Hausnummer 5, «Zur blauben Jüppe», wo schon der Grosspapa, auch Zuckerbäkker, gelebt hatte und wo Hegi mit 17 die Konditorlehre beim Vater antrat. Draussen, wo man «Eggeguggis» oder «Wolfgseh» spielte, beschäftigte Hegi nicht das melodische Geplätscher des Platzbrunnens, sondern, wie er kurz vor seinem 70. Geburtstag im «Odeon» erzählte, die Töne, die aus der Musikschule am Plätzli erklangen. Dort – im Haus zum «Napf» – wo nachher das Statistische Amt hauste. Wenn etwa eine Gesangsschülerin lange am selben Ton herumfeilte, rief der junge Hegetschweiler gern hinauf: «So, tüend er wider Zäh zieh deet obe?»

Wenn's einem nicht passt, braucht man nicht gleich sackgrob zu werden und Götz von Berlichingen in der ruppigsten Form zu zitieren. Schauspieler Emil Hegetschweiler jedenfalls besass ein Wochenendhäuschen am Greifensee. Und das hiess, liebenswürdig und doch klar: «Dumirauli».

Walter Henauer (1880–1975)

Architekt Walter Henauer, Erbauer des Claridenhofes und damit des damals grössten Geschäftshauses der Schweiz, gab eine Party. Jedermann war mit der Überbauung zufrieden. Als irgendwann gesagt wurde, Zürich verliere architektonisch sein Gesicht und gehe leider einer Verschandelung entgegen, reagierte Henauer knapp: «Kann man Zürich noch mehr verschandeln?»

Paul Hindemith (1895–1963)

Solocellist *Julius Bächi* erzählte zu einem heiteren Notenblatt und Dokument, das sich in seinem Besitz befindet: Paul Hindemith dirigierte das letzte Konzert des Tonhalle-Orchesters während der Junitestwochen 1950. Auf dem Programm stand unter anderem die Sinfonie Nr. 7 in D-Dur, «Le Midi», von Josef Haydn. In einer Vormittagsprobe entstanden zwischen ihm und dem damaligen Konzertmeister, *Willem de Boer,* Meinungsverschiedenheiten über die Interpretation des «Recitativo» (2. Satz). Hindemith machte

Der Schuldige wird Dankbare — Paul Hindemith

sich einen Spass daraus, seine Auffassung mit einem den Noten unterlegten Text zu verdeutlichen und das Blatt mit dem so ergänzten Solo dem Konzertmeister bei der Abendprobe aufs Pult zu legen.

Hindemiths Text zur Rezitativstelle (siehe Abbildung) lautet:

verzweifelt: O Himmel, wer zwingt mich bei dieser Hitze noch zur Musik!

wütend: Man lässt selbst die Viehcher bei solchem Wetter in Ruh.

lyrisch: Wie schön wär's zu Haus – fern vom Orchester, kühle Getränke vor mir. –

aufjammernd: Hat denn nicht jeder genug von all den Dirigenten und ihrer Auffassung auch!

resigniert: Mir sind sie schon lang zum Hals rausgewachsen. (Hinzugefügt: Der Schuldige und Dankbare: Paul Hindemith.)

Bächi noch: «Bei derselben Probe kam Hindemith nach der Orchesterpause, auf einen Stock gestützt, hinkend zum Dirigentenpult zurück. Auf meine Frage nach seinem Befinden flüsterte er mir ins Ohr: ‹Wissen Sie, alt, bleed und kei Geld im Sack.› »

Fritz Hochwälder (1911)

Der Bühnenschriftsteller Fritz Hochwälder in einer «Podium»-Veranstaltung zur Frage, warum er in Zürich lebe und wie er Zürich sehe: «Mir ist nicht ganz wohl bei dieser Frage. Wenn einer drei Wochen lang durch einen fremden Kontinent gejagt ist, mag er blendend orientiert sein.» Aber: «Ich bin erst seit kurzem hier in Zürich, seit 28 Jahren nämlich (es war 1966), und kann deshalb nichts Erschöpfendes sagen».

Für ihn sei Zürich im übrigen, genau wie für Thomas Mann, keine Grossstadt, aber eine Weltstadt, ein Ort überdies, wo ein Schriftsteller «das Undeutsche auf Deutsch sagen kann.» Von jenen, die sich in oder um Zürich niederliessen (Büchner, George, Polgar, Thomas Mann), seien die meisten auch hier gestorben. Hochwälder: «Man könnte Zürich also zumindest eine Begräbnisstadt der Dichter nennen.»

Heinrich Honegger (1832–1889)

Der Zürcher Regierungsrat Honegger erzählte, wie es ihm ergangen sei, als er eine Schwurgerichtssitzung präsidierte. Es lag just ein Betrugsfall vor, für dessen Bestrafung kurz vorher durch Gesetzesabänderung Zuchthaus wie früher, daneben neu aber auch Gefängnis vorgesehen war. Der Angeklagte wurde schuldig erklärt, und der joviale Honegger sagte zu ihm: «Ihr seid jetzt der erste, der seit der Änderung des Strafgesetzes in diesem Falle beurteilt worden ist. Deshalb lasse ich Euch die Wahl: Wollt Ihr Zuchthaus, das ist etwas schärfer, aber kürzer; oder wollt Ihr Gefängnis, das dauert länger, ist aber dafür milder?»

Darauf erwiderte der Mann bieder: «Hochgeehrter Herr Präsident, werte Herren! Macht das jetzt gerade so, wie wenn's Euch selber beträfe, dann bin ich zufrieden.»

J

Italiener

Italiener und italienische Saisonarbeiter gibt es in Zürich seit langem. Zwischen Italienern und Aussersihlern kam es Ende Juli 1896 sogar zum sogenannten Italienerkrawall. Damals lebten fast 7000 Saisonarbeiter in Zürich.

1905 verriet ein fingierter ironischer Brief in einer Sechseläutenzeitung, dass ehedem dem einen und andern Bauarbeiter in Zürich billig war, was später etwa den Gipsern recht war: «Caro amico! Muass i dir scriba, dass jessa nimma saffe im Zurigo, nimma mure mit de Baggstei, jessa ville streigga, is kaibe lustic ...»

Und schon 1875 schrieb *Gottfried Keller:* «Ich bin jetzt doch abends meistens zu Hause. Aber am Samstag abends oder sonntags, da bleib ich in der Stadt, und dann sauf' ich für sieben Mann. Dann humple ich, oft lang nach Mitternacht, die dunkle Engestrasse hinaus auf das 'Bürgli', und weiss trotz der Beladung den Messerstichen der italienischen Eisenbahnarbeiter sehr geschickt auszuweichen, welche sich die ganze Strasse entlang gegenseitig in den Seiten kitzeln, anstatt die Seebahn fertig zu machen.»

63

Zur Zeit des berüchtigten Italienerkrawalls in Zürich (1896) sassen, wie *Papa Locher* berichtet, einige deutsche Sozialdemokraten in einem Aussersihler Wirtshaus. Da trat ein Mann von dem zur Herstellung der Ordnung aufgebotenen Regiment herein. Sofort machten sich zwei Sozialdemokraten an ihn heran. Der eine: «Mein Gutester, nun sagen Sie mir mal, wenn jetzt kommandiert würde, auf das Volk zu schiessen, würden Sie da auch mitschiessen?» Der Regimentler: «Nein, ich gewiss nicht.» Der Deutsche: «Bravo, Männeken. Kellner, bringen Sie dem Mann einen halben Liter!» Dazu der zweite: «Und von mir eine Wurst und einen Stumpen. Gibt es noch mehr so Zielbewusste in Ihrem Regiment?» Drauf der Zürcher: «Wir sind unser sechzehn; ich bin nämlich beim Regimentsspiel.»

André Jaunet (1911)

Der in Zürich wohnhafte Meisterflötist André Jaunet vom Tonhalleorchester Zürich musste nach Weinfelden zu einer Konzertprobe. Irrtümlicherweise stieg er schon in Frauenfeld aus dem Zug und entschuldigte sich beim Dirigenten mit folgendem Briefchen:

Verehrter Herr! Nehmen Sie's mir nicht übel. Wissen Sie, ich bin Franzose, und als solcher liebe ich zwar den Wein sehr, doch die Frauen nicht minder. Ist es verwunderlich, dass es da leicht Schwankungen gibt in der Wahl? Die Frauen kamen zuerst; wie hätte ich's übers Herz gebracht, einfach vorbeizufahren? Auf die nächste Probe bin ich aber fest für den Wein entschlossen, das verspreche ich Ihnen,

Ihr Jaunet.

James Joyce (1882–1941)

Der irische Dichter James Joyce, am 2. Februar 1882 in Dublin zur Welt gekommen, starb am 13. Januar 1941 in Zürich, im Schwesternhaus vom Roten Kreuz, an den Folgen eines Zwölffingerdarmgeschwüres. Bestattet wurde er auf dem Friedhof Fluntern, in der Nähe des Zoos. Witwe Joyce äusserte sich: «Er wollte in der Nähe des Zoologischen Gartens begraben sein, weil er das Gebrüll der Löwen so liebte.»

Thomas Mann, nach seiner Meinung über den «Ulysses» von James Joyce befragt: «Er ist wie Liebigs Fleischextrakt: man kann ihn nicht essen, aber es werden noch viele Suppen damit hergestellt werden.»

K

Jakob Kägi (1886–1950)

In einer Gemeinderatsdebatte zitierte Nationalrat *Otto Schütz,* Leiter des Zürcher Gewerkschaftskartells, einen Spruch des sozialdemokratischen Regierungsrates Jakob Kägi: «Kommt dir einer ins Gehege, / ist es sicher ein Kollege!» *Emil Landolt* erhob sich blitzschnell und reagierte: «Herr Schütz hat den Vers des guten Regierungsrates Kägi nur halb zitiert. Es heisst weiter: ‹Tritt er dir aber auf die Flosse, dann ist er dazu ein Genosse.› »

Kantonsschule

Mitte der sechziger Jahre wurde die Zürcher Presse durch die unzulänglichen Bauten der Kantonsschule Zürichberg geführt. Dann und wann betrat man ein Schulzimmer, in welchem just unterrichtet wurde. Geistesgegenwärtig meinte eine vor der Klasse stehende Lehrerin, während sie auf ein völlig veraltetes Wasserbrünnlein an der Wand zeigte: «Ich bin gerade im Begriff, meinen Schülern anhand dieses Brünnleins den Unterschied zwischen ‹alt› und ‹antik› zu erklären.»

Gottfried Keller (1819–1890)

Wenn Gottfried Keller seinen ersten Biographen, *Jakob Bächtold,* auftauchen sah, pflegte er zu sagen: «Dort kommt wieder einer, meine Räusche aufzuschreiben.»

Die Legende, Zürichs «Öpfelchammer» sei Gottfried Kellers Stammlokal gewesen (in Wirklichkeit hat sie der Dichter in seinen zahllosen Briefen zeitlebens nie erwähnt), ist vermutlich von Literaturprofessor *Julius Stiefel* begründet worden, der Keller 1890 die Trauerrede gehalten hat und um die Jahrhundertwende oft mit Studenten in der «Öpfelchammer» zusammensass.

Julius Stiefel erhielt nach seiner Antrittsvorlesung von Gottfried Keller ein vom 28. Oktober 1870 datiertes Schreiben mit der Erklärung: «Um Ihre Antrittsvorlesung bin ich auf jämmerliche Weise gekommen, indem kurz vor 11 Uhr mir ein unvorhergesehenes Geschäft wie ein Ziegel vom Dach auf den Kopf fiel, das zwar nur eine Viertelstunde erforderte, aber mir die Vorlesung völlig aus dem Gedächtnis blies, bis es halb 12 Uhr und damit zu spät war. Leider kann ich mich nicht in die Nase beissen, da ich gerade in der Gegend des Nasenzipfels keine Zähne mehr habe.»

Die «Kronenhalle» hatte es, wer denkt noch daran, schon Gottfried Keller angetan.

Ein gewisser *Hans Weber,* vormals Leiter der NZZ-Redaktion, nachmals Bundesrichter, befand sich auf der Durchreise in Zürich. Just er, der übrigens den sesshaften Dichter Keller zum einzigen Aufstieg auf die Rigi zu animieren vermochte, liess auf einer Karte fragen: «Wollen wir heute lumpen? Wann? Wo?»

Keller schlug auf halb acht Uhr die Kronenhalle vor; des schönen Wetters wegen wäre er allenfalls auch früher zu haben. Auf der Rückseite seiner Visitenkarte stand: «Ja sie ist's, von der man spricht, / und das Lumpen weig'r ich nicht. / In die Kronenhalle gehn,/ und das Weitere dort besehn.»

Hans Weber zu Silvester 1876 an Gottfried Keller: ein Vierzeiler, den er als «ersten dichterischen Versuch» bezeichnet:

«Wir bleiben auch im neuen Jahr
Die alten biedern Lumpen;
Doch trinken wir inskünftig gar
Noch aus viel grössern Humpen!»

Gottfried Keller reagierte am 2. Januar 1877: «Dein dichterischer Versuch lässt schöne Hoffnungen aufkommen. Er entspricht einem der ersten Kunstgesetze schon dadurch, dass er keinen überflüssigen Gedanken enthält. Zur ferneren Aufmunterung will ich auch ein Gedicht hersetzen:

«Mit alten Waffen kämpfen wir
Im neuen Jahr den heilgen Kampf,
Wir essen Wurst und trinken Bier,
Doch jene niemals ohne Sampf!»

Nach einer Probe des Sängervereins der Stadt Zürich sass Gottfried Keller mit seinem Freunde *Wilhelm Baumgartner* und mit Posamenter *Locher* in der Schmiedstube. In Zürich stand ein eidgenössisches Sängerfest bevor, wozu Keller den Festgruss dichten und Baumgartner diesen vertonen sollte. Noch aber fehlte das Gedicht. Baumgartner zu Gottfried Keller: «Gib mir endlich das verdammte Gedicht, damit ich mich ans Komponieren machen kann, das Fest steht doch vor der Tür!» Worauf Gottfried Keller: «Schreib du nur deinen Schund, ich mache dir dann schon etwas darunter!»

Schliesslich wurde daraus dann doch das Eröffnungslied zum eidgenössischen Sängerfest 1858: «Wir haben hoch im Bergrevier den Tannenwald gehauen.»

Wilhelm Baumgartner und Gottfried Keller sassen bei einem Glase Wein und diskutierten Kellers Gedichte, darunter dessen «Dich zieret dein Glaube, mein rosiges Kind». Plötzlich hakte Baumgartner ein: «Jetzt erklär mir einmal, was hast du denn eigentlich gedacht bei den Worten ‹Solange die Rose zu denken vermag, ist niemals ein Gärtner gestorben?› » «Du Narr», reagierte Keller unwirsch, «als ob unsereiner das selber wüsste.»

Was ursprünglich «Excelsior» hiess, kam schliesslich als Roman «Martin Salander» von Gottfried Keller heraus. Freund *Paul Heyse* war gegen das unkellerische «Excelsior». Keller suchte andere Namen, suchte mit dem Zeigefinger auf einer Landkarte des

Kantons Zürich. Bei Dübendorf zögerte er, aber der Name passte ihm dann doch nicht, denn «in Unterstrass ist ein unanständiges Haus, das einem gehört, der Dübendorfer heisst». Kellers Finger fuhr bis ins Tösstal, und bei der Ortschaft Saland wurde Keller klar: sein Martin wird ein Martin Salander werden.

Gottfried Kellers grosser, schöner Kater durfte tun und lassen, was er wollte, sogar ungeniert auf Aktenstössen schlummern. Ein einziges Mal wurde der Staatsschreiber wütend. Während er bis spät in die Nacht hinein bei geöffnetem Fenster arbeitete, balgte sich sein Kater schreiend im Gärtchen neben der Staatsschreiberei mit einer Katze. Keller warf zuerst ein Lineal hinunter, danach – weil's nichts genützt hatte – Tintenkübel, Leimtopf, Bücher und schliesslich gar den Bürostuhl. Als am andern Morgen der Weibel im Büro auftauchte, sagte Keller: «Weibel, holen Sie doch mein Handwerksgeschirr vom Garten herauf! Die Katze hat es letzte Nacht gebraucht.»

Schreiben an hohe Persönlichkeiten pflegte Staatsschreiber Gottfried Keller einem Kanzlisten in die Feder zu diktieren. Das Kratzfüsseln am Briefschluss verleidete ihm bald. Er kam auf die Idee, eine stehende Schlussformel aufzusetzen, die also lautete: «Genehmigen Sie, verehrter Herr, bei dieser Gelegenheit die Versicherung unserer ausgezeichneten Hochachtung.» Am Ende eines Diktats pflegte Keller, nachdem die Schlussformel geboren war, zum schreibenden Kanzlisten nur noch kurz zu sagen: «So, und jetzt kommt noch der ‹Leck mir›!»

TV-Quizmaster *Mäni Weber* nahm 1970 einen jungen Kandidaten in die Zange, der über das Thema «Gottfried Keller» befragt sein wollte. Unter anderem wurde ihm eine Stelle aus der Glückwunschadresse vorgelegt, die *J. V. Widmann* im Auftrag des Bundesrates zum 70. Geburtstag des Dichters verfasst hatte und «die vom Bundeskanzler in Seelisberg verlesen wurde, wo der Dichter sich gerade zur Kur aufhielt». Der Kandidat sollte angeben, von wem die Rede stamme.

Adolf Vögtlin hätte es genauer gewusst. Zwar kam die bundesrätliche Abordnung mit der von J. V. Widmann verfassten Glückwunschadresse nach Seelisberg. Gottfried Keller, kein Freund von Ehrungen und Huldigungen, hatte sich nicht nur der Gesundheit wegen nach Seelisberg abgesetzt, sondern auch, um dem Geburtstagsrummel zu entgehen.

Bundeskanzler *Ringier* trat vor den Dichter, um die Lobrede zu verlesen. Doch da unterbrach ihn Keller und sagte lächelnd: «Herr Bundeskanzler, wir können das Verfahren abkürzen. Das alles steht ja gedruckt in der ‹Neuen Zürcher Zeitung›!» Und er zeigte dem Kanzler das Blatt, welches, durch eine Indiskretion von der Sache unterrichtet, den Inhalt der Lobrede schon veröffentlicht hatte.

Der Chirurg *Carl Ludwig Schleich* studierte in Zürich und lernte den alten Gottfried Keller kennen, der gerne mit den deutschen Studenten zusammen pokulierte, im «Gambrinus» und in der «Meise». «Manchmal geleitete ich ihn nach Hause, und seine Schwester erwartete ihn ängstlich am Tor und schalt mich zeternd aus, so dass ich wie ein Pudel im Regen davonschlich. Dieser gewaltige Geist, in welchem die tiefste Zartheit der Empfindung plötzlich in vulkanisches Toben ausbrach, der still und fleissig seine Wunderwerke spann, bis ihn eine Dämonie wie einen schäumenden Nöck aus den stillen Tiefen rief, war beim Pokulieren der schlichteste, echteste und gröbste Schweizer.»

Peter Keller

Konzert- und Opernsänger Peter Keller in Zürich dirigierte früher Gesangvereine, darunter einen Frauenchor. Für einen Sonntag nach dem Gottesdienst hatten sie sich, wie er in den siebziger Jahren erzählte, in der Kirche auf der Rigi verpflichtet. Keller wurde kurz vor der Talstation von einem roten Sportwagen derart keck und riskant überholt, dass er die Scheibe herunterkurbelte und den Sportwagenlenker saftig beschimpfte. Der Fahrer reagierte nicht. Bei der Station musste Keller neben dem Sportwagen parkieren, dessen Eigentümer aber schon das frühere Bähnlein erwischt hatte.

Oben in der Kirche: die vorderste Reihe war für den Frauenchor und dessen Dirigenten reserviert. Als der Pfarrer eintrat... Donnerwetter nochmal: das war doch der Sportwagenfahrer! Er revanchierte sich, indem er in seiner Predigt auf Menschen zu sprechen kam, die nicht viel Gutes tun und dafür in der Welt herumschreien. Peter Keller: «Dabei ruhte sein Blick verdächtig oft auf mir.»

Rudolf Kempe (1910–1976)

Rudolf Kempe, Chefdirigent des Tonhalleorchesters, bei der Probe von «Heldenleben», Richard Strauss, bemerkte im März 1969: «Wo ist eigentlich der Musiker Herr X – man sieht ihn nicht, man hört ihn nicht, und die Tonhallegesellschaft ernährt ihn doch!»

Otto Klemperer (1885–1973)

Zusammen mit *George Mendelssohn-Bartholdy* von der Vox Record Company ging Dirigent Otto Klemperer in ein Zürcher Schallplattengeschäft und fragte nach einer von Klemperer dirigierten «Eroica»-Aufnahme. Der Verkäufer suchte, teilte bedauernd mit: «Eroica» mit Furtwängler und Bruno Walter vorhanden, mit Klemperer nicht.

Klemperer: «Es muss mit Klemperer sein. Ich bin nämlich Otto Klemperer und möchte die Aufnahme einem Freund schenken.»

Drauf der Verkäufer skeptisch-ironisch: «Sie sind Klemperer? Dann ist der andere Herr wohl Beethoven?» Und Klemperer gelassen: «Aber nein, das ist Mendelssohn-Bartholdy.»

Dirigent Otto Klemperer während einer Probe: «Meine Herren, das Schwarze sind die Noten, das Weisse ist das Papier.»

Emil Klöti (1877–1963)

Emil Klöti, der profilierte Politiker mit drei Doktortiteln, von denen ihm zwei ehrenhalber verliehen worden waren, von 1928–1942 erster sozialdemokratischer Stadtpräsident Zürichs, National- und Ständerat, gab sich allezeit schlicht. Ein Gast im Restaurant «Wassberg», Nähe Forch, sah mit an, wie Klöti unerkannt Suppe, Käse und Süssmost bestellte, nachdem er eine Viertelstunde auf die Serviertochter gewartet hatte. Und dann ging's nochmals fünfzehn Minuten, bis der Käse kam. Erst hinterher wurde ihm der Most gebracht. Und als Klöti mit dem Käse fertig war, fiel der Serviertochter der Rest der Bestellung ein. Deshalb brachte sie ihm anschliessend noch die Suppe. Nachdem Klöti aufgebrochen war, klärte der Gast und Zuschauer die Holde über die Persönlichkeit des Mannes auf. Da rief sie: «Herrgott, und ich Totsch habe ihm die Suppe nach dem Käse gebracht! Aber er hat auch gar nicht nach etwas Besserem ausgesehen!»

Emil Klöti, der einst auch Präsident der Sozialdemokratischen Partei der Schweiz gewesen ist, kam spät nachts von einer Sitzung heim. Und konnte nicht ins Haus, weil er den Hausschlüssel nicht bei sich hatte. Seine Schwester, mit der er, der Junggeselle, zusammenlebte, wollte er nicht wecken. So ging er denn in ein Hotel nahe beim Hauptbahnhof. Dem Nachtportier war der Mann nicht ganz geheuer. Jedenfalls nahm er ihm, sicher ist sicher, die Mappe sowie 20 Franken Bargeld als Depot ab. Anderntags kamen Kontrollpolizei und Hotelier darauf, wer der Gast gewesen war. Er hatte sich, obschon Zürcher Stadtpräsident, so eingetragen: «Emil Klöti, städtischer Angestellter.»

Der Parteifarbe wegen ist Emil Klöti nicht Bundesrat geworden. Dazu gab's den Schüttelreim: «Nur wegen einer kleinen Röti / verschmähte man den reinen Klöti.» Im Nebelspalter hatte Bö Emil Klöti noch so vorgestellt:
«Der Bundesrat braucht frisches Blut. / Erneuerung tut meistens gut. / Hier ist ein Mann nicht für Empfänge / und äusserliches Festgepränge. / Ein Stern vielmehr der Rosaröti: Klöti.»

Dr. Emil Klöti schilderte gegen Lebensende schriftlich, wie er im Leben gespart hatte, wie ihm aus Erbschaft noch etwas zugefallen war, wie unversehens einige seiner Aktien rentabel geworden waren. Fazit des beliebten Sozialdemokraten: «So wurde ich am Schlusse meines Lebens doch noch ein Kapitalist.»

Gustav Knuth (1901)

Auf die Frage, warum er Schweizer werden wolle, antwortete Schauspieler Gustav Knuth, gebürtiger Braunschweiger und in Deutschland aufgewachsen: «Weil es eine Ehre für mich ist.» Der Präsident der Einbürgerungskommission darauf: «Es wäre an uns gewesen, diesen Satz zu sagen.»

Knuth auf die Frage, wie er merke, dass er Schweizer werden möchte: «Ganz einfach, meine Herren, wenn ich im Ausland bin, habe ich Heimweh.»

Zur Einbürgerung gehören an sich auch Schweizerdeutsch-Kenntnisse. Damit hat's bei Gustav Knuth unter anderem des ständigen Bühnenhochdeutschs wegen nicht recht geklappt. Einer Zürcher Journalistin, die ihn Ende der sechziger Jahre wegen der in Angriff genommenen Familienserie «Salto mortale» anpeilte, gab er zwar mit einem flotten «Grüezi!» die Hand. Gleich darauf aber liess er wissen, dass er sonst nur noch einen einzigen schweizerdeutschen Satz akzentfrei sprechen könne. Nämlich: «Ich ha Hämmige.»

Als Gustav Knuth Zürcher Stadtbürger werden wollte, zog die zuständige Kommission vorschriftsgemäss Informationen über ihn ein. Ob er – wie Knuth jeweils erzählt – «raubgemordet» oder so habe. Schliesslich wurde er aufgeboten. Der Zuständige im

Stadthaus heuchlerisch: «Herr Knuth, leider liegt ein Einspruch gegen Ihre Einbürgerung vor.»

Knuth war platt. Doch der Mann beruhigte: «Der Einsprachebrief ist anonym. Ich lese ihn vor.» Die dreifache Einsprache: Erstens hat Knuth in einer Ehe eine sehr peinliche Rolle gespielt. Zweitens hat Knuth als Gutsbesitzer in unfairer Weise sich einer Magd unsittlich genähert. Drittens hat Knuth in einem, gelinde gesagt, rüden Ton an öffentlicher Stelle in Zürich lautstark und deutlich verkündet, dass man ihm am A... könne.

Das Ganze: der Scherz eines Spassvogels im Stadthaus, der mit «Eulenspiegel» unterzeichnet hatte. Zu den Vorwürfen: Knuth spielte den Jago in «Othello». Zweitens belästigte er in «Rose Bernd» als Gutsbesitzer die Magd. Und die brüske Aufforderung zu einer «intimen Goethefeier» hatte Knuth natürlich in Goethes «Götz von Berlichingen» ausgerufen. Dort, wo das Fenster zugemacht wird.

Walter König (1908)

Bei einem Staatsempfang im Rechberg standen die Zürcher Regierungsräte in Reih und Glied, an ihrer Spitze Präsident Dr. Walter König. Er ging auf den Gast, *Prinz Albert von Belgien* zu, reichte ihm die Rechte und sagte: «König». Der Prinz, Baudouins Bruder, verstand das Wort und schaute, wie Regierungsrat *Arthur Bachmann* berichtet, ganz verdattert in die Runde. Er wusste einfach keine Antwort auf diese – wie ihm schien – unerwartete Beförderung.

Arnold Kübler (1890)

In Heddy Maria Wettsteins Zimmertheater an der Winkelwiese erzählte der Schriftsteller und Zeichner Arnold Kübler, er habe vor Jahrzehnten grosse Mühe gehabt, zum Theater zu kommen. Endlich habe er die Rolle eines Eseleins (offenbar in einem Märchenstück) spielen dürfen. Auf Plakaten standen die Namen der Künstler sowie ihre Rollen. Ganz am Schluss: «Arnold Kübler – Ein Esel.»

Als Arnold Kübler, Schriftsteller, Zeichner, Schauspieler, Kabarettist, Beinahe-Geologe, Lebenskünstler, 1969 (da war er 79) nahe beim Bahnhof Oerlikon die Baugrube für das Grosshotel International zeichnete, wurde er beobachtet: «Ein italienischer junger Bursche schaut mir über die Achsel aufs Blatt, anerkennt meine Leistung, fragt mich, wieviel Zeit es brauche, um zu meinem Handwerk und meinem Können zu kommen. Una vita, ein Leben, sage ich. Er geht kopfschüttelnd weg.»

Im Oktober 1982 meldete die Journalistin *Gina Gysin:* In der Kirchgasse wird eines Nachts der Schriftsteller Arnold Kübler von einem jungen Unbekannten um 100 Franken angehauen. Kübler, 92 Jahre alt, bei seinem Neunzigsten als «homme de culture» gewürdigt, lädt, weil er keinen Hunderter bei sich hat, den Mann auf ein Bier ins «Schäfli» ein, vertröstet ihn und setzt sich ab mit der Erklärung, er werde das Geld daheim beschaffen. Kommt zurück, gibt dem Bittsteller 100 Franken ohne Quittung. Pointe: Eines Tages entnimmt Kübler seinem Briefkasten ein Couvert. Es enthält 100 Franken...

Eduard Künneke (1885 – 1953)

Probleme hatte Concierge *Oskar Wirth* im Hotel «Urban» mit dem Operettenkomponisten Eduard Künneke, von dem jedermann allermindestens «Ich bin nur ein armer Wandergesell» kennt, und mit dessen Gattin. Die Gattin nämlich rief vor einer Künneke-Premiere in Zürich an: Die Schuhe ihres Mannes müssten nach dem Reinigen unbedingt genauso vor die Zimmertür gestellt werden, wie sie vorher dort gestanden hätten. Sonst werde die Premiere eine Pleite. Das Problem: Künneke stellte seine Schuhe immer so vor die Tür, dass die Spitze des einen Schuhs gegen die Wand gerichtet war, die andere aber in den Korridor hinausguckte.

Hans Künzi (1924)

Der Zürcher Regierungsrat Hans Künzi am 12. Dezember 1973 zum Empfang für Bundespräsident *Ernst Brugger:* Zürich sei auf dem Bundesrats-Sektor mit mehr Ernst dabei als andere Kantone. Denn: «Zürich hat die Bundesräte Ernst Wetter, Ernst Nobs und Ernst Brugger gestellt, alle übrigen Kantone zusammen aber bisher nur zwei ‹Ernste›.»

Kutteln

«Nie und nimmer könnte ich Kutteln, diese herrliche Speise, herstellen. Sie schmeckt schon im voraus nach Verdauung, doch auf eine zarte, kurzfristige Weise. Ich kenne ein Restaurant in Zürich, wo es die besten Kutteln der Welt gibt.»
Das schrieb in einem deutschen Wochenblatt der Schriftsteller *Günter Herburger* («Jesus in Osaka»). Er griff nach diesem Geständnis aber nicht tief und lyrisch in die Saiten, um schwelgerisch Zürichs Kutteln zu besingen. Sondern notierte: «Da ich aber die Schweiz hasse und möglichst nicht betrete, kann ich nur die zweitbesten Kutteln der Welt essen. Meine Frau kocht sie, ein-, zweimal pro Jahr.»
Und Zürich muss halt schauen, wie es ohne Herburger auskommt!

L

Landi 1939

Mit dem Überfall Hitlers auf Polen am 1. September 1939 brach der Zweite Weltkrieg aus. Die «Landi» in Zürich wurde vorübergehend geschlossen. Henri Guisan war zum General gewählt worden. Militär rückte ein, und ein Zürcher Kompaniekommandant sagte, wie ein Ohrenzeuge berichtet, zu seiner Truppe: «Die Lage ist ernst. Ich will keinen mit offenem Kragen sehen.»

Emil Landolt (1895)

Der nachmalige Stadtpräsident Emil Landolt kam am 23. September 1895 im «Freigut» zur Welt, wo er auch seine Jugend verbrachte. Sein Vater, 1859 geboren, betrieb 56 Jahre lang die 1834 im Freigut gegründete Weinhandlung. Nach Emil Landolts Angaben war die Familie Landolt dadurch in den Weinhandel hineingerutscht, dass einer seiner Vorfahren ein Fass Markgräfler geerbt hatte. Da er als Theologiestudent nichts damit anzufangen wusste, verkaufte er das Fass. Und zwar mit so flottem Gewinn, dass er das Theologiestudium an den Nagel hängte und Weinhändler wurde.

Bei weitem nicht jeder Zürcher Bürgermeister oder Stadtpräsident war Urzürcher.

Hans Waldmann, dessen Denkmal und dessen Bart (die einen sagen: er trug einen; die andern: er trug keinen) noch immer sporadisch Diskussionsstoff bieten, war ein aus dem Zugerland herübergekommener Gerbergeselle. *Ernst Nobs* war Berner. Stapi Emil Landolt, dessen Urvorfahren Glarner gewesen sind, bemerkte einmal: «Die Glarner haben uns allerlei geschenkt, manchmal auch Leute, auf die wir hätten verzichten können, zum Beispiel den Bürgermeister *Stüssi* († 1443).»

Auf Führungen durch die Altstadt sagte Emil Landolt mitunter, *Hans Waldmann* († 1489) und *Rudolf Brun* († 1360) seien zwei Rowdies gewesen, die gerne von sich reden gemacht und sich deshalb mit Revolutionären verbündet hätten. «So bin ich nicht», setzte er dann schelmisch hinzu, «dafür habe ich auch kein Denkmal erhalten.»

Stapi Landolt wies in seiner Einmannproduktion «Auch ich war dabei» 1953 im «Podium» am Neumarkt auf das Beispiel des Bürgermeisters von Rothenburg ob der Tauber im Dreissigjährigen Kriege hin, der seine Stadt im Jahre 1631 nur dadurch vor dem Untergang retten konnte, dass er vor dem feindlichen General Tilly bewies, wie er einen Humpen von drei Liter Wein in einem Zuge austrinken konnte. Nach dem Hinweis auf diesen Meistertrunk und dem Gedanken, dass vielleicht auch er einmal zu einer solchen Opfertat bereit sein müsse, fuhr Landolt dann fort:

«Bedenket dies und schnödet nicht; / wer schnödet, ist ein schnöder Wicht. / Auf jeden Fall, zu jeder Zeit / bin ich zu gleichem Tun bereit.»

Stapi Emil Landolt lässt an einem ausgiebigen offiziellen Bankett nach Tisch «das Vaterland» üppig hochleben, bricht überstürzt auf und hastet ins Kunsthaus, wo er eine Ausstellung eröffnen muss. Er trifft gerade noch rechtzeitig ein, um ohne Verspätung seine Begrüssungsansprache halten zu können. Unter den offiziellen Gästen: Ständerat Dr. *Ernst Vaterlaus*. Unter dem Eindruck dessen, was er zuvor als Bankettredner über das «Vaterland» geäussert hat, sagt der Stapi im Kunsthaus: «... und insbesondere begrüsse ich auch Herrn Ständerat Vaterland.»

Zwei andere kleine Pannen, die man anderen Politikern, nicht aber dem Stapi übelnimmt: Im Gästebuch der Firma Teppich-Forster wünscht er der Teppichfirma Schuster Glück und Segen. Und an der Einweihung der neuen Rolltreppe bei Jelmoli lobt er in seiner Ansprache die Initiative und den Leistungswillen der «Firma Oscar Weber».

Zum Siebzigsten lobte der Zürcher Kolumnist *Felix Bluntschli* den unermüdlichen

Stapi Emil Landolt: «Niemand konnte, was Du gekonnt hast: fast gleichzeitig an den verschiedensten Orten sein und die auseinanderliegendsten Anlässe mit Deiner Anwesenheit verschönern: Amtsstube, Zunftstube, Flickstube, Stadthaus, Helmhaus, Kongresshaus, Schauspielhaus, Hochhaus, Limmatschiff, Bücherschiff, Weinschiff, Rathaustreppe, Münstertreppe, Rolltreppe, Paradeplatz, Bellevueplatz, Sportplatz, Uetliberg, Zürichberg, Rietberg, Männerchor, Frauenchor, Sprechchor – wahrlich, ich möchte Dich am liebsten Emil den Simultanen heissen.»

Als Stadtrat und Bauvorstand II hat *Edwin Frech* über Jahre hinweg Sprüche von Ratskollegen gesammelt, Aussprüche in Stadtrats-, Gemeinderats- und Kommissionssitzungen notiert. Von Zeit zu Zeit fertigte er aus dem Material eine Broschüre, die er etwa an Weihnachten an Freunde und Bekannte verschickte, schliesslich teilweise sogar in Buchform veröffentlichte. Stadtpräsident Emil Landolt bemerkte zur Sache einmal: «Seit Frech Sprüche notiert, reden alle Stadträte so gescheit!»

Miteidgenossen rügen an den Zürchern vor allem die flinke, unermüdliche Zunge. So witzelte einer, Zürichs Volkslied heisse: «Guter Mund, du stehst nie stille.» Und ihr Sprichwort laute: «Mundwerk hat goldenen

Boden.» In einer Vitrine am Limmatquai stand einst das Gedichtlein zu lesen: «Guets Tägeli, Frau Rägeli, / wie gaht's au Irem Mägeli, / wie gaht's au Irem Müüli,/ schwätzt's immer na so schüüli?»

Nun, Zürichs Stadtpräsident Dr. Emil Landolt, auch er pflegte zu scherzen: Ein richtiger Zürcher legt beim Zubettgehen zuerst einmal das Maul ins Bett und versucht dann, den Rest auch noch unterzubringen.

Arnold Kübler berichtete 1965 zum 70. Geburtstag von Stadtpräsident Emil Landolt: Es gab im Winkelwiesenquartier zurückgezogene Winkler, die vom Zuzug des Stadtpräsidenten vor etwa fünf Jahren (Haus Winkelwiese 10) gehäufte Ruhestörungen um ihre Häuser befürchteten, dies weniger von ihm als von seinen Anhängern. Er hat in höflichster Weise sich seinen Neunachbarn brieflich angekündigt, hat ihre Gemüter geneigt für sich gemacht, bevor nur ein Möbelwagen angerollt kam. Unter den anfänglich Beunruhigten gibt es eine schreibende Frau, die leicht bekümmert, aber nicht ohne Stolz sich fragte, wie sie wohl ungestört und unbeobachtet fürderhin ihr damals karges, von den Verhältnissen eingeschränktes Mahl von Birchermüesli oder Joghurt weiterhin an ihrem Gartenplatz sollte verzehren können. Die Lösung: ein Paravent! Sie stellte ihn auf! Aber der neue freundliche Nachbar streckte, aus dem Stadthaus kommend, fröhlich den Kopf über diese Scheidewand: «Was gits

Guets?» Jetzt aufdrehen, sagte sich die Unabhängige: «Filetbeefsteak!» – «Bi eus gits nu Wähe», sagte der Herr Landolt und zog den Kopf zurück.

Hedi Lang (1931)

Basel 1982 über Helvetiens führende Schweizerin, Nationalratspräsidentin Hedi Lang:
E mietterlig Lächle und e Bryse Humor,
e bitzeli glai, aber scheen gwällti Hoor,
e Rogg Gressi fuffzig, der Hauptsitz in Bärn,
s isch s Hedi (vo Ziri, sunscht hätt ichs no gärn).

Johann Caspar Lavater (1741–1801)

Johann Caspar Lavater, Verfasser der vierbändigen, in viele Sprachen übersetzten «Physiognomischen Fragmente», fuhr in der Postkutsche über Land und studierte, seinem Hobby frönend, intensiv das interessante Gesicht eines Mannes, der ihm während der Fahrt gegenübersass. Schliesslich war er seiner Sache sicher, wollte aber, wie der Schüler beim Rechnen, doch noch die Probe machen und wandte sich deshalb an sein Gegenüber und Opfer: «Mit Verlaub, ich habe soeben Ihr Gesicht studiert. Sie sind Pfarrherr, nicht wahr?»

Der andere winkte bedauernd ab: «Nein, ich bin der Scharfrichter von Basel.»

Karl Friedrich v. Beyme erfuhr von Minister *Graf Haugwitz:* Als *Goethe* in Begleitung von Haugwitz und den beiden *Grafen Stolberg* in Zürich Lavater besuchte, schrieb er zu einer Predigt, von der Lavater nur den ersten Teil konzipiert hatte, in dessen Abwesenheit die beiden fehlenden Teile dazu. Und Lavater hielt tags darauf diese dreiteilige Predigt ohne die mindeste Abänderung von der Kanzel herunter.

J. C. Lavater suchte mit *Goethe* den Rheinfall auf. In der «Fischez» unterhalb des Schlosses Laufen zankten sich die beiden eine Stunde lang darüber, ob der Rheinfall in Bewegung sei, wie Goethe behauptete, oder ob er stille stehe, wie Lavater beweisen wollte. Der Streit schlichtete sich so genialisch, wie er begonnen hatte. Lavater meinte: «Goethe, du trinkst zuviel Wein, darum scheint's dir, der Rheinfall sei in Bewegung.» Worauf Goethe zu Lavater: «Und du trinkst zuviel Wasser, darum scheint's dir, er stehe still.»

Der Maler *Johann Heinrich Füssli* war (so hat's vor Jahrzehnten der Holbein-Verlag mitgeteilt) auf einer Gesellschaft, wo sich das Gespräch ums Wiedererscheinen nach dem Tode drehte. Füssli meinte, das gebe es nicht, denn: «Mein Freund Lavater und ich haben in unserer Jugend ausgemacht, dass, wenn es überhaupt möglich sein würde, der erste, der stürbe, dem anderen erscheinen solle. Lavater war der skrupelvollste Mensch in bezug auf sein Wort. Er ist tot, und ich habe ihn seitdem nicht gesehen. Es existiert also keine Wiederkehr vom Jenseits.»

Der ebenfalls anwesende Historiker *Roscoe* jedoch meinte: «Ich finde, das beweist nichts. Ein Freund von mir fuhr nach Rom und versprach, mir zu schreiben. Ich habe nie von ihm gehört, und trotzdem war er in Rom.»

Zarah Leander (1907–1981)

Zarah Leander erzählte mehrmals, wie sie um die Hand ihres (dritten) Ehemannes Arne Hülphers angehalten hat: «Das war 1956. Wir kannten uns damals schon über 30 Jahre, aber von Heirat wurde nie gesprochen. Das wurde mir schliesslich zu dumm. Wir flogen gerade über die Alpen nach Zürich, da setzte ich ihm einfach die Pistole auf die Brust: ‹Hör mal, Arne›, sagte ich, ‹wollen wir nicht heiraten?›. Da grinste er nur und sagte: ‹Auf diese Frage warte ich jetzt schon seit -zig Jahren› und bestellte sich einen doppelten Whisky.»

Zarah Leander nahm auch vom Zürcher Publikum mehrmals Abschied. Jedesmal eine Spur bejahrter. Aber noch 1973 durfte sich ihr Conférencier *Rolf Stiefel* in Zürich den Spruch erlauben: «Make-up muss sein, aber man muss immer noch lachen können ohne

Einsturzgefahr.» Die Leander konnte noch lachen.

Und zwei Jahre später legte Zarah nochmals mit ungebrochener, voluminöser Stimme, rrrollendem R und sinnnnlich nnnnasalen N ihr Lied «Ich weiss, es wird einmal ein Wunder geschehn» hin. So kräftig, dass Pianist *Peter Jacques* vom Radioorchester witzelte: «Das ist doch die Stimme, die sich Vico Torriani immer gewünscht hat!»

Le Corbusier (1887–1965)

Architekt Le Corbusier (oft «Corbu» genannt; er hiess eigentlich Jeanneret) hat im Zürcher Seefeld ein Haus. Die Initiative lag bei der Innenarchitektin *Heidi Weber,* die in ihrer Mezzanin-Galerie Corbusier-Gegenstände handelte, von Stühlen und Möbeln bis zu Tapisserien und Corbu-Bildern. Corbusier aus La Chaux-de-Fonds, der 1918 sein erstes Bild fertigte, war nämlich ein ebenso hervorragender wie leidenschaftlicher Maler, und einem Kunstkenner, der eine seiner Bauten bewunderte, sagte er: «Pah, das schüttelt man aus dem Ärmel, aber ein Bild auf gute Weise zu Ende bringen, das hat seine Schwierigkeiten!»

Le Corbusier hat zwar in den Dreissigerjahren für Zürich Projekte ausgearbeitet: ein Miethaus, eine Arbeitersiedlung für 350 Familien mit Kinderkrippe, Garten und

Schwimmbassin auf dem Dach, einen Neubau der Rentenanstalt.

Die stehen alle – auf dem Papier. Corbusier: «Man muss einen Architekten auch nach jenen Werken beurteilen, die er nicht bauen durfte.»

Immerhin erntete Le Corbusier seinen ersten Ehrendoktor von der Uni Zürich. Das war 1935. 1955 kam auch einer von der ETH in Zürich dazu. Aber gebaut hat er vorwiegend im Ausland. *Emil Schibli* schrieb über ihn, den Propheten im Vaterland: «Was wollen wir mit deinem Extragrind? Wir brauchen kein Genie. Ein Demokrat muss sein, wie alle sind.»

Übrigens, meinte einer, brauche Zürich nicht unbedingt ein Modellhaus von Corbusier. Er stamme ja aus La Chaux-de-Fonds. Dort werde man wohl...

Leutpriesterliches

Chorherr *Kramer*, ehedem Leutpriester von Zürich, hatte (Quelle: Papa Locher) unter anderem die ungemütliche, traurige Aufgabe, zum Tode Verurteilte zu Fuss zur Richtstätte zu begleiten, die fast eine Gehstunde von Zürich entfernt in Albisrieden lag.

Einmal hatte der gutmütige, leutselige Pfarrer an einem frühen Morgen seines Amtes zu walten, als die Strassen nach langem, ausgiebigem Regen nass und kotig waren.

Da tappte der Delinquent auf dem Weg zur Richtstätte absichtlich in eine Pfütze und bespritzte den Chorherrn von Kopf bis Fuss. Kramer blieb gelassen und freundlich und sagte milde lächelnd zu dem Burschen: «Wart nu, uf em Heiwääg sprützisch nüme!»

Von Chorherr *Kramer,* Leutpriester von Zürich, erzählt Papa Locher: Er diente den Mitbürgern wegen seiner enorm grossen Füsse oft zum Gespött. Er wusste es, lachte aber nur darüber und sagte hie und da zu Frauen, die er auf der Strasse miteinander schwatzen sah: «Ich bitte um ein gnädiges Urteil!»

Emilie Lieberherr (1924)

Stadträtin Emilie Lieberherr stellte ihr Auto einmal vor das Stadthaus, wo auch das Zivilstandsamt untergebracht ist. Und wurde von einem Polizisten gefragt: «Sie, gönd Sie da ine go hürate?»
Die Stadträtin: «...?»
Und der Mann des Gesetzes: «Nöd? Was sueched Sie dänn im Stadthus?»

Franz Liszt (1811–1886)

1845 logierte Franz Liszt im Zürcher Hotel «Schwert». Als er 1882 zum deutschen Tonkünstlerfest nach Zürich kam, logierte er im «Baur au Lac». Er kam mit 12 Schülern und zwei Kritikern angefahren und wurde am 7. Juli von einem schwarzgekleideten Komitee am Bahnhof abgeholt. Am Abend ehrte man ihn mit einem Feuerwerk; er ass, 71 Jahre alt, im «Baur au Lac» Beefsteak mit Kartoffeln.

Bei Liszts Abreise Richtung Bayreuth und Parsifal notierte ein Komiteemitglied: «Mit ihm (Liszt) Frau Menter *(Sophie Menter, Liszts Lieblingsschülerin)*, wie immer von ihrer Katze begleitet, die ein Herr unseres Komitees im Korbe nachtragen durfte, zu unserem Gaudi.»

Hans Konrad Locher (1831–1907)

Papa Locher berichtet: «In einem aus Dilettanten aus vornehmen zürcherischen Familien zusammengesetzten Orchester spielte ein alter, vornehmer und reicher Herr Kr. den Kontrabass und hatte die merkwürdige Gewohnheit, in allen Aufführungen im Konzertsaal (Casino) oder im Theater seinen Zylinder aufzubehalten, was sich äusserst komisch machte. Der alte Herr hatte zwei Töchter, beide auch schon ordentlich betagt und nicht gerade schön. Ein junger Zürcher fasste doch Mut, ging eines schönen Morgens zu Herrn Kr. und bat ihn um die Hand seiner Tochter. (Er hatte nämlich nötig, seine Finanzen wieder etwas herzustellen.) Herr Kr. dankte für die ihm erwiesene Ehre und fragte: ‹Ja, welche wollen Sie denn?› Worauf die Antwort: ‹Das ist mir egal.›»

Fazit: Der Bewerber bekam weder die eine noch die andere.

Adolf Lüchinger (1894–1949)

Als *Ernst Nobs* 1948 zum Bundespräsidenten gewählt wurde, veranstaltete Zürich für seinen ehemaligen Stadtpräsidenten eine Feier im Zürcher «Muraltengut», in deren Verlauf Nachfolger und Stadtpräsident Adolf Lüchinger unter anderem wörtlich sagte: «Am heutigen Abend ziemt es sich zu vergessen, was du als einstiger Stadtvater mir alles an Arbeit zurückgelassen hast. Möge Gott es dir einst verzeihen, was du mir eingebrockt und nicht selbst auszulöffeln hast!»

Luftballon

1784 liess der Mathematik-Professor *David Breitinger* auf dem Schützenplatz einen Luftballon steigen. Damals fertigte ein Domherr für die Schülerinnen der Zürcher Töchterschule ein Ballongedicht mit Moralin: «Wie ruhig, sittsam, frei und leicht / durch reine Luft von innen / die schöne Kugel uns entweicht, die Höhe zu gewinnen: / So kann durch Sittenreinigkeit / und durch ein frommes Leben,/ das wie das Gift die Laster scheut, / ein Mädchen sich erheben.»

M

Manneken Pis

«Manneken Pis» in Brüssel: weltbekannt. Weitgehend unbekannt: Auch in Zürich gab es einen Manneken-Pis-Brunnen an der Ecke Sonnegg- / Weinbergstrasse im Kreis 6. «Carlchen» schrieb dazu 1948 in der Neuen Zürcher Zeitung:

«Dieset ‹Männekin› (in Brüssel) is so beliebt jeword'n (dat heest: nich etwa bei de Klerikalen), det se in Zürich eene jenaue Nachbildung davon uffjestellt hab'n.

Aba wie det so is: wat der Unbefangene als künstlerisch oda janz natierlich ansieht, det aweckt bei den andan allaheechste sittliche Entristung. Un so kam et, det in Zürich die Heuchla wie Wölfe den Stadtrat umheult'n, bis der eenes scheenen Tages 'n Klempna uff'n Weech schickte un dem kleenen Männekin Piss die harmlose Wassaleitung verlöt'n liess. Nu steht der arme Junge da als eena, der vor lauta Schamprotzerei am Ende 'ne kranke Blase kriecht...»

Marino

Der Bauchredner und Zauberer Marino (bürgerlich: *Luigi Brunori*), im Hauptberuf für das Zivilstandsamt der Stadt Zürich tätig, pflegt in einem seiner Zauberkunststücke weisses, unbeschriebenes Papier in Hunderternoten zu verwandeln. Bei einem Auftritt in Anwesenheit von Finanzvorstand *Max Koller* erklärte Marino dem Publikum: «Eigentlich wollte mich Herr Stadtrat Koller für sein Finanzdepartement anwerben. Aber es kam nicht zum Klappen: die Stadt Zürich hat kein Geld für weisses Papier.»

Walter Mehring

Walter Mehring, Mitbegründer des Dadaismus, nahm vor den Nazis Reissaus, machte die nomadische Lebensweise zum Lebensstil, lebte lange in Zürich und verkündete als Motto: «Ueb immer Treu und Redlichkeit bis an dein Massengrab, und weiche keinen Fingerbreit vom Dadaismus ab!»

Armin Meili (1892–1981)

Armin Meili, Direktor der Landesausstellung 1939, der «Landi» in Zürich, war 1936 offiziell an die Olympiade in Berlin eingeladen. Auf der Hinfahrt mit Gattin im D-Zug Grenzkontrolle in Singen! Meili notierte: «Passbesichtigung: ‹Seit wann besitzt Ihre Familie das Schweizer Bürgerrecht?› ‹Seit 1351.› . . . ‹Und Ihre Frau Gemahlin?› ‹Ja, da steht's schon weniger gut›, antworte ich, ‹sie ist als aargauisch-bernische Staatsbürgerin erst seit 1353 . . . › »

Kurt Metzler (1941)

Als die Skulptur «Die Familie» des international bekannten Zürcher Bildhauers und Plastikers Kurt Metzler zwischen Jelmoli und Bahnhofstrasse aufgestellt wurde, spotteten die Zürcher über diese «teilnahmslosen, ausdrucksmüden» Metallgestalten. Metzler hörte davon, regte sich aber trotz wachsender Polemik (auch in der Presse) nicht auf, sondern sagte nur: «Diese Meckerer haben recht. Wenn sie in den Spiegel schauten, würden sie sich erkennen.»

Albert Meyer (1903)

1983 konnte Geschäftsmann Albert Meyer seinen 80. Geburtstag in jenem Hotel «Hilton» bei Zürich feiern, das auf seinem Land steht. Meyer hat es im 75jährigen Baurecht überlassen. Ursprünglich Schuhmacher, später Gründer des Geschäftes «Zett-Haus-Meyer» im Zürcher Stadtkreis 4, hintereinander im Gemüse-, im Glas- und Porzellan- und schliesslich im Schmuck- und Uhrenhandel tätig, verlegte sich Albert Meyer früh in oft abenteuerlichen Einsätzen darauf, Waren aller Art aus Konkursen und Geschäftsaufgaben zu erwerben und feilzubieten.

1937 gelang ihm ein schöner Coup. Er sass im «stillen Örtchen», wo zerschnittene Zeitungen damals noch ihre Zweitverwendung fanden, und las auf einem solchen WC-Papier von einer Opfiker Liegenschaft, die zur konkursamtlichen Liquidation ausgeschrieben war. Termin: an einem Montag. Und zwar ausgerechnet an einem Sechseläutenmontag. Meyer kombinierte: die Reichen werden sich am Sechseläuten um den Böögg tummeln, und die Armen kommen ohnehin nicht an eine solche Versteigerung. So konnte er, ohne dass andere Interessenten den Preis in die Höhe trieben, tatsächlich, dank Zürcher Sechseläuten, den Opfiker Gutsbetrieb samt schlossähnlichem Herrschaftshaus (damals als Altersheim benützt) erwerben.

Conrad Ferdinand Meyer (1825–1898)

Conrad Ferdinand Meyer, aus feinem Haus und von vornehmer Gesinnung, machte seinen Weg als Dichter unbeirrt durch das, was Kritiker sagten und schrieben. Als sein Hund diverse Kunststücke aufführte, um zu einem Zipfel Wurst zu kommen, sagte Meyer zu seiner Schwester: «Siehst du, so wie unser Joli für eine Wurst alles tut, so tun gewisse Dichter alles für eine günstige Kritik.»

Conrad Ferdinand Meyer kam mit dem Zug abends in einer deutschen Stadt an, ohne sich vorher um Unterkunft bemüht zu haben. In einem Hotel beim Bahnhof fragte er nach einem Zimmer. Der Concierge bedauerte: Alles besetzt. Meyer zeigte sich betrübt. Er komme von ziemlich weit her, aus der

Schweiz, sei der Schriftsteller Conrad Ferdinand Meyer und wäre schon sehr froh, wenn er...

«Ach», staunte der Concierge, «freut mich, Sie kennenzulernen. Wir werden schon noch ein Bett für Sie finden. Übrigens stehen Ihre Bücher in unserem Leseraum für Gäste. Darf ich sie Ihnen zeigen?» Er führte C. F. Meyer in den Leseraum und wies nicht unstolz auf die Bände von – Meyers Konversationslexikon.

Juan Miró (1893)

Zu den guten Freunden von Chefbarman *Paul Nüesch* in der «Kronenhalle»-Bar gehört Maler Juan Miró (Lieblingsessen: Heringfilets und Salzkartoffeln). Miró ist auch mit Bildern in der «Kronenhalle» vertreten. Einmal wurde eines seiner Gemälde in der Bar gestohlen. Niemand, auch Nüesch nicht, hatte das Verschwinden des Bildes bemerkt. Erst am nächsten Morgen registrierte Nüesch: Lücke an der Wand bei Tisch 5. Die Zeitungen berichteten ausführlich. Zwei Tage später: anonymer Anruf mit dem Hinweis: «Sie können das Miró-Bild in der Telefonkabine beim ‹Pfauen› abholen.» Nüesch schnappte ein Taxi, fuhr zum Heimplatz. Und dort fand sich der Miró tatsächlich, unter der Ablage für die Telefonbücher, an die Kabinenwand angelehnt. – Kleines Wunder!

N

Hans Georg Nägeli (1773–1836)

Im Zusammenhang mit der Verbesserung des Gesangsunterrichts schlug der von Minderwertigkeitsgefühlen nicht geplagte Sängervater Hans Georg Nägeli als Mitglied des zürcherischen Erziehungsrates die Ernennung einer Kommission vor, bestehend aus den drei Männern, die allein etwas von der Sache verstünden: nämlich aus dem Hans, dem Georg und dem Nägeli.

Richard Neutra (1892–1970)

Architekt und Professor *Alfred Roth* lud den weltbekannten Architekten und Städteplaner Richard Neutra aus den Vereinigten Staaten zu einer Lesung an die ETH in Zürich ein. Neutra, bekannt für seinen Publizitätshunger, bat um nähere Angaben über den Migros-Gründer und «Die TAT» – Herausgeber *Gottlieb Duttweiler*. Zusammenhanglos baute er dann Dutti und die Migros zu Roths masslosem Ärger in seine Lesung über Architektur ein. Tröstend wandte sich Architekt *Werner Stücheli* an Roth: «Reg dich nicht auf, Alfred! Neutra wollte damit lediglich erreichen, dass die TAT ihm einen längeren Artikel widmet.»

Paul Nizon (1929)

Soeben war von dem in Bern geborenen, in Paris lebenden Zürcher Schriftsteller Paul Nizon «Swiss made» erschienen, worin unter anderem literarisch der «Holzboden Schweiz» beschrieben wird. Der Autor sass im «Select» am Limmatquai, als *Max Bill* in seinem Bentley vorbeifuhr. Eine Frau zu Nizon: «Und das nennst du Holzboden Schweiz?» Darauf Nizon: «Ganz richtig. Hast du nicht gehört, wie das Auto geräuschlos an uns vorbeigefahren ist.»

Ernst Nobs (1886—1957)

Der nachmalige Bundesrat Ernst Nobs war von 1942 bis 1944 Stadtpräsident von Zürich und nahm als solcher an der Verleihung des städtischen Musikpreises teil. Eine Sängerin interpretierte Lieder des Preisträgers. Mittlerweile stellte es sich heraus, dass man vergessen hatte, den üblichen Blumenstrauss für die Solistin zu besorgen. Kurz entschlossen ging der Stadtpräsident auf eine in einer Ecke der Stadthaushalle stehende Vase zu, packte ein Büschel eingestellter Blumen, setzte sich in Richtung Sängerin in Marsch, auf dem Boden eine feuchte Spur hinterlassend, die – selbstverständlich – von den Blumen stammte. Mit spitzen Fingern und ausgestreckten Armen nahm die Solistin das tropfende Angebinde in Empfang. Alleweil: die Situation war gerettet.

Ernst Nobs, Stadtpräsident von Zürich und später Bundesrat (1943–1951), war nebenher Schriftsteller (es sei hier an seine Novellen «Breitlauinen» erinnert) und vor allem leidenschaftlicher Hobby-Maler. Nach seinem Tode wurde im Museum zu Allerheiligen in Schaffhausen ein Teil seiner Malereien und Zeichnungen gezeigt. Früher schon zirkulierte eine Karikatur: Nobs und *Churchill* malend unter einem Sonnenschirm. Darunter stand: «Die Staatskunst bringt von alters her / nebst vielen Sorgen auch Likör – / Drum feiern hier im Ruhestand, – teils mit, teils ohne Hosenband – / Zwei rundliche Politikör / – ihr Otium als Kunstmalör.»

O

Carlo Oldani (1920)

Carlo Oldani 1983, Forstmeister seit zwanzig Jahren: «Ich bin neuerdings verschrien als Erholungspapst.» Zugegeben, die Erholungswälder sind mit einem ansehnlichen Sortiment an Erholungseinrichtungen ausgestattet: mit Bänken, Tischen, Feuerstellen, Vita Parcours, Finnenbahnen, Steinsammlungen, Türmen und so fort.

Bei einem Waldumgang mit Stadt- und Gemeinderat lässt ein Ratsherr vor versammelter Corona die vorwitzige Frage fallen: «Herr Stadtforstmeister, haben Sie nicht das Gefühl, dass Sie etwas zu viel machen?»

Darauf stellt Oldani die Gegenfrage: «Haben Sie schon einen städtischen Beamten gesehen, der zu viel macht?»

Stadtforstmeister Carlo Oldani musste seine rechte Hand operieren lassen. Nach dem Eintreffen im Spital wurde er von einem grüngekleideten Mann empfangen und begrüsst: «Ah grüezi! Herr Oldani, Sie sind doch der Stadtgärtner!» Oldani: «Nein, ich befasse mich mit etwas grösseren Pflanzen. Und wer sind Sie?»

Der Grüngekleidete: «Ich bin der Narkosearzt.» Oldani: «Aha, sehr gut. Dann sind also Sie dafür verantwortlich, dass ich zur richtigen Zeit einschlafe und zur richtigen Zeit wieder erwache.»

Der Narkosearzt in Grün: «Nur für ersteres!»

Stadtförster *Adolf Dubs* legte grossen Wert darauf, dass in seinem Zürichbergrevier Ordnung herrschte. Bei einem Augenschein zusammen mit seinem jungen Adjunkten Carlo Oldani legte er diesem überzeugend dar, warum alle Waldstrassen für Motorfahrzeuge streng gesperrt zu sein hätten.

Kaum hatte er's gesagt, kam ein Taxi dahergefahren. Oldani wartete gespannt darauf, wie Dubs, im Militärdienst Feldweibel gewesen, reagieren würde. Dubs hält den Taxi an, Oldani sieht darin von der Böschung herunter ein Hochzeitspaar – man hört das Glockengeläut der Kirche Fluntern. Dubs lässt Taxi und Paar samt Chauffeur laufen respektive fahren, kommt zu Oldani zurück, meint leicht verlegen: «Ja also, nicht wahr, Sie müssen wissen: das ist ein Hochzeiter mit seiner Braut, wegen Verspätung mit dem Taxi von Witikon her auf verbotener Abkürzung unterwegs... gälezi, Herr Adjunkt, den würden Sie doch auch nicht verzeigen?»

Oldani: «Nein, den würde ich auch laufen lassen. Der ist ohnehin gestraft genug.»

Dem Bauamt I sind neben Strassen, Planung und Vermessung auch, frei nach Stadtrat *Jürg Kaufmann,* die «zwei grünen Giganten» unterstellt, nämlich Garteninspektor und Forstmeister. Als Stadtrat *Ruedi Aeschbacher,* Chef Bauamt I, gefragt wurde, was für ein Unterschied zwischen den beiden bestehe, antwortete er: «Oldani bereitet mir keine Wiederwahlprobleme; er fällt die alten Bäume immer erst nach den Wahlen.»

Stadtforstmeister Carlo Oldani schwärmt auf einer seiner zahlreichen Waldexkursionen vor allem für die stark beasteten Waldrandbäume, die überdies, wenn sie genügend Licht und Luft haben, mehr Zuwachs aufweisen als ein Baum mitten im Wald. Worauf eine sehr interessierte Exkursions-Teilnehmerin den Forstmeister fragt: «Ja, warum pflanzen Sie denn nicht nur Waldrandbäume?»

Beim traditionellen Waldumgang für Stadt- und Gemeinderat findet jeweils ein Wettschiessen statt, und jeder Teilnehmer erhält einen Preis. Als Gemeinderätin *Wally Widmer,* grosser Waldfan und Vertreterin der Nationalen Aktion (allezeit gegen Überfremdung), am Umgang teilnimmt, bekommt sie vom darauf vorbereiteten Stadtforstmeister Carlo Oldani acht Topfpflanzen geschenkt, alles extreme Exoten, halbmeterhohe Bäume im Topf. Begründung: Damit sie ein Exotenwäldchen anpflanzen könne.

Beiläufig: Die Pflanzen gediehen prächtig, und die NA-Vertreterin nannte das Ganze ihr «Oldani-Wäldchen».

Carlo Oldani absolviert 1953 als Hauptmann einen irrsinnig kalten WK mit Temperaturen bis minus 20 Grad. Nach wenigen Tagen ist die ganze Truppe erkältet. Als der Feldweibel eines Abends die Kompanie zum Hauptverlesen bereit meldet, fängt mitten in der Achtungsstellung ein Soldat scheusslich zu husten an. Hauptmann Oldani: «Ruhn!» Frage: «Wer hat da gehustet?» «Herr Hauptmann, Sappeur Sommer!» «Kommen Sie nach vorn!»

Die Kompanie wartet gespannt, wie's weitergeht. Oldani: «Sie hat's offenbar schön erwischt. Machen Sie folgendes: heute abend in den ‹Ochsen› stechen und einen grossen Doppelkirsch trinken.» Und als der Sappeur ihn fragend anschaut, als wolle er sagen: ‹Wer soll das bezahlen?› zückt Oldani sein Portemonnaie und überreicht ihm einen Fünfliber.

Worauf die ganze Kompanie wie auf Kommando hustet und der Hauptmann nur noch rufen kann: «Luus-Cheibe, abträtte!»

Sigrid Onegin (1891–1943)

Die Opern- und Konzertsängerin Sigrid Onegin bestellte als eifrige Hobbygärtnerin bei einem Bauern ein Fuder Mist. Der Mann brachte die Ware und wollte kein Bargeld dafür, sondern zwei Freikarten für eine Oper, in der die Onegin mitwirkte. Die Sängerin telefonierte später: zwei Karten lägen für den Abend bereit. Danach kam das Töchterchen des Bauern vorbei und sagte: «Einen schönen Gruss vom Vater, und ich möchte die Freikarten für den Mist abholen.»

Carl Orff (1895–1982)

Komponist Carl Orff in einem Klubhauskonzert zum Zürcher Publikum: «Wenn es den Leuten nicht gefällt, sollen sie ruhig Krach machen. Ich mach ja mit meiner Musik manchmal auch grossen Krach.»

Otto

Zu den Zürcher Clochards gehörte der stotternde *Otto* mit dem Dreispitzhut. Er schlief in einer Parkanlage, bis um fünf Uhr früh im Restaurant gegenüber Licht gemacht wurde. In der «Räuberhöhle» freute er sich, wenn Leute ein Menü bestellten und einen Teil der Beilagen, Gemüse und Kartoffeln, stehenliessen: Festessen für Otto.

Einmal erwähnte der «Tages-Anzeiger» knapp vor Weihnachten Ottos problematische Festtage. Es gab ein wunderschönes Echo: Bargeld traf ein, Leute schickten Anzüge, Krawatten, Socken. Viele offerierten ihm ein Zimmer. Otto war glücklich.

Anderntags allerdings meldete er sich auf der Redaktion und stotterte, er sei da in der Zeitung herumgeschleift worden und die Kollegen hätten gesagt, er müsse unbedingt Schadenersatz...

Kassierte einen Fünfliber Schmerzensgeld und liess sich nicht mehr blicken.

P

Paracelsus (1493–1541)

Berühmtester Gast im Zürcher «Storchen» am Weinplatz war, bis auf den heutigen Tag, wohl der Mystiker, Naturphilosoph und geniale Arzt Theophrastus Bombastus Paracelsus von Hohenheim aus Einsiedeln; er ist mit Porträt an einer «Storchen»-Mauer, Limmatseite, verewigt. Ihn zu loben, war freilich nicht Anliegen der Reformation. Dr. *Heinrich Bullinger,* Nachfolger Zwinglis, schrieb jedenfalls dem Basler *Thomas Erastus:* «Hättest Du ihn gesehen, so hättest Du ihn nicht für einen Arzt, sondern für einen Fuhrmann gehalten. Auch fand er an der Gesellschaft von Fuhrleuten absonderliches Vergnügen. Daher passte er, während er hier im Storchen logierte, auf die ankommenden Fuhrleute; und mit diesen frass und soff der schmutzige Mann, dass er manchmal, vom Weine betäubt, sich in den nächsten Nachen legte und seinen garstigen Rausch ausschlief.»

Parteien

Am Empfang für den frischgewählten Zürcher Bundesratspräsidenten *Ernst Brugger* im Dezember 1973 betätigte sich der Zürcher Stadtrat *Edwin Frech* als Balladensänger mit

Gitarre, Gesang, eigenem Text und eigener Musik. Der freisinnige Kollege, Stadtrat *Heiri Burkhardt,* hielt dabei das Notenblatt. Dazu der Festconférencier: «Sagt jetzt aber nicht, liebe Gäste, der sozialdemokratische Stadtrat habe gesungen, was ihm ein Freisinniger hingehalten hat!»

Heinrich Pestalozzi (1746–1827)

Heinrich Pestalozzi ging oft zu seinem Grossvater, zu Dekan Andreas Pestalozzi in Höngg, wo er nachmals erste eigene landwirtschaftliche Versuche unternahm. Offenbar mit mässigem Erfolg. Jedenfalls teilte Johann Caspar Bluntschli einem Freund brieflich mit: «Ich war bei Pestaluz in Höngg. Dieser Mann schneidet den ganzen Tag auf dem Feld mit den Bauern Korn, Roggen usw., aber er hat sich fast alle Finger der linken Hand zerschnitten.» Und Johann Caspar Lavater sagte: «Zur Besorgung würde ich Pestalozzi nicht einmal meinen Hühnerstall anvertrauen. Aber wenn ich König wäre, würde ich ihn zu meinem Ersten Rate machen.»

Vom Haus zum «Roten Gatter» aus warb Pestalozzi um *Anna Schulthess,* die 1769 seine Frau wurde. Die «schöne und gelehrte Jungfrau Schulthess» antwortete auf die erstaunten Fragen, warum sie ausgerechnet den hässlichen Pestalozzi geheiratet habe: «Aber er hat doch eine schöne Seele.»

Johann Caspar Pfenninger (1760–1838)

Wie schon zu Zwinglis Zeit diente der «Storchen» am Weinplatz, dem Gasthaus «Schwert» gegenüber, offenbar auch während der Revolution und der Helvetik, als abwechselnd französische und österreichisch-russische Truppen in der Stadt lagen, als Treffpunkt der Altgesinnten, das heisst der Aristokraten, die allen Grund hatten, mit der neuen Ordnung unzufrieden zu sein. Joh. Casp. Pfenninger, der Führer der Landschaft in der Revolutionszeit und seit April 1798 Regierungsstatthalter des jungen Kantons Zürich, musste anfangs Juni 1799 fliehen, als die Österreicher unter *Erzherzog Karl* und General *Hotze* in der ersten Schlacht bei Zürich *Masséna* schlugen. Pfenninger in seiner 1835 erschienenen Lebensgeschichte: «Als ich mit dem General *Villater* hinter dem Storchen vorbeiritt, lachten die versammelten Aristokraten aus vollem Hals. Der General, der es bemerkte, rief ihnen aber zu: ‹Lack nur, lack nur! Statthalter komm wieder›.»

Und so war's denn auch: Pfenninger kam wieder und wurde später Regierungsrat.

Pfarramt St. Peter

St. Peter war ehedem, wie «Papa Locher» berichtet, die reinste «Kopulationsfabrik», und den Memoiren des einstigen Sigristen

Knüsli ist zu entnehmen, dass oft verschiedene Paare gemeinsam im Hof draussen warten mussten, weil der Herr Pfarrer noch nicht da war. Sie mischten sich untereinander, und wenn dann der Pfarrherr plötzlich auftauchte, kam der Sigrist, stiess sie hinein und sagte:

«Schnell, mached, das er ine chömed! Wänn er nu immer es Pärli zäme schtönd und i zähmegäh lönd, 's isch ja gliich! Nachher wird dänn woll jede sini wider finde!»

Albert Pfister (1884–1978)

Der Zürcher Maler Albert Pfister war bekannt als misstrauischer Mensch, der sich von allen Seiten bedroht fühlte. 1962 schrieb er dem Migros-Gründer *Gottlieb Duttweiler,* er vermache ihm sein ganzes Werk als Nachlass, wenn er, Duttweiler, ihm zu einem ruhigen Alterssitz verhelfe. Nach Duttweilers Tod wandte er sich an dessen Nachfolger, Nationalrat *Rudolf Suter,* mit dem gleichen Angebot. Suter beauftragte zwei Mitarbeiter der Kulturkommission, Pfisters Anliegen zu prüfen. Als sie sich bei Pfister meldeten und erwähnten, sie kämen von der Migros, wurde der Künstler böse und schrie zornig: «Ich brauche nichts von der Migros, ich kaufe im Dorf ein!»

Tags darauf wurde er sich des Missverständnisses bewusst. Er bat die Kommission, nochmals vorzusprechen.

Thomas Platter (1499–1582)

Berühmtester unter den fahrenden Schülern, die nach Zürich kamen: Thomas Platter, mit Laufbahn vom Walliser Geissbuben zum Rektor der Basler Lateinschule. In seiner Selbstbiographie schildert er, wie er im Auftrag seines Zürcher Lehrmeisters einst die Schulstube heizen musste. Da er kein Brennholz auftreiben respektive nächtlich klauen konnte, holte er noch vor dem Erscheinen Zwinglis zur Morgenpredigt im Fraumünster einen Heiligen Johannes vom Altar herunter und steckte die Holzfigur in den Ofen. Dazu sagte er: «Hänschen, bück dich, du musst in den Ofen hinein!» Die Figur brannte bestens, wärmte die Schulstube, und der Lehrmeister attestierte: «Platter, du hast gut Holz gehabt.»

Polizei

1967 wurde der Baustil der unter Denkmalschutz gestellten Rathaus-Polizeiwache definiert als «Hermandadaismus».

1982 nahmen die Basler Zürichs Polizei aufs Korn:
Uff die Buebe in dr Bahnhofschtrooss
schiesse Zircher Schugger Gummigschooss.
Ych frog ain, wo will duure düüse:
«Äxgüsi - isch säb s Zircher Chnabeschüüsse?»

R

Sigismund von Radecki (1892–1970)

Der brillante Essayist und Übersetzer Sigismund von Radecki, Balte in Zürich und hier im März 1970 im Alter von 78 Jahren gestorben, notierte:

«Der Statistik nach soll sich jeder achte Schweizer in psychoanalytischer Behandlung befinden, und es ist möglich, dass gerade dieser Achte vorzugsweise in Zürich lebt. Die Wissenschaft in Ehren, aber diese Stadt stinkt von Psychologie.» Der Zürcher habe nicht mehr die silbernen Gletscher vor der Nase, sondern den eigenen Seelenspiegel, und er schaue «alleweil nach der Zunge, ob sie nicht belegt ist».

Alfred Rasser (1907–1977)

Alfred Rasser, der glänzende Kabarettist, Schauspieler und Textautor, spricht als junger Mann, im Jahre 1933, zusammen mit anderen arbeitslosen Schauspielern auf der Bühne des Zürcher Schauspielhauses vor. Eine Rolle, die er seit Jahren beherrscht. Einziges Echo aus dem Dunkel, wo die Experten sitzen: «Können Sie noch etwas anderes?» Rasser improvisiert eine zweite Figur. Echo von unten: «Machen Sie noch etwas, aber sprechen Sie bitte einen anständigen Text!» Rasser rezitiert den Erdgeist-Prolog von Wedekind. Unten: Stille. Schliesslich eine Stimme: «Sie werden von uns hören.»

Indessen: Rasser hat nie etwas vom Zürcher Schauspielhaus gehört. Dafür ist er einer der profiliertesten helvetischen Kabarettisten geworden.

Alfred Rasser in seinem Jubiläumsprogramm «30 Joor Rasser-Humor»: «Es ist in Zürich schon Schlimmeres geboren worden als ein Basler.»

Lily Reiff-Sartorius (1866-1958)

In *Thomas Manns* Roman «Doktor Faustus» wird ein Zürcher Haus in der Enge erwähnt: «Es war das in der Mythenstrasse, nahe dem See gelegene Heim des Herrn und der Frau Reiff, eines reichen, kinderlosen und kunstfreundlichen, schon betagten Ehepaars, das sich von jeher ein Vergnügen daraus machte, durchreisenden Künstlern von Rang ein gepflegtes Asyl zu bieten und sie gesellschaftlich zu unterhalten.» Der Mann (Hermann Reiff) – nach der gleichen Quelle ein reicher ehemaliger Seidenindustrieller – «liess sich bei seinen Empfängen zuweilen nicht übel auf dem Cello hören, pianistisch begleitet von seiner Frau, die aus dem Reiche stammte».

Im Boudoir von Frau Lily Reiff, so Thomas Mann, war «ein ganzer Tisch mit den Widmungsphotographien europäischer Zelebritäten bedeckt, die sich der Reiffschen Gastlichkeit dankbar verschuldet nannten».

Autor *Hugo Hartung* («Ich denke oft an Piroschka») erwähnt, was er anekdotisch über Hausherr Reiff gehört hat: Reiff wollte mit deutschen Künstlerfreunden eine Motorbootfahrt machen, fragte beim zuständigen Schiffsmann nach dem Exkursionspreis. Der jedoch schaute den so reichen wie bescheiden gekleideten Reiff abschätzig an und sagte: «Das können Sie überhaupt nicht bezahlen.»

Hartung lernte Lily Reiff-Sartorius (mit 16 Jahren war sie Liszt-Schülerin geworden) 1952 kennen; damals war sie 87. Bei seinem letzten Besuch sagte sie: «Diesmal haben Sie das Bett bekommen, in dem *Richard Strauss* immer geschlafen hat.» Als Strauss, den sie 17jährig kennengelernt hatte, beiläufig bedauerte, dass sich das Badezimmer nicht neben dem Schlafraum befinde, liessen Reiffs ein Bad neben seinem Gastzimmer einbauen.

Lily Reiff hat in ihrem «Geniehospiz», wie ihr Haus oft, so von Thomas Mann, genannt wurde, auch den vom Naziregime verfolgten Wittelsbacher Kronprinzen *Rupprecht von Bayern* monatelang bei sich beherbergt, ihn aufgepäppelt und regelmässig auf die Waage gestellt. Hartung: «Nur als der wieder Gekräftigte beim Abschied dem Personal ein allzu fürstliches Trinkgeld von 300 Franken geben wollte, habe sie ihr erworbener schweizerischer Sparsamkeitssinn dagegen Protest erheben lassen.»

Sepp Renggli

Zu Beginn seiner Radiotätigkeit interviewte Sepp Renggli, heute Leiter von Studio Zürich, am Ziel einer Tour-de-Suisse-Etappe den Tagessieger. Und stellte hinterher fest: das Tonband bestand aus Schweigen, technisch hatte etwas nicht geklappt. Renggli bat um Wiederholung der dreiminütigen Unterhaltung. Aber der Rennfahrer streikte wütend: «Ohne mich, wenn ihr nicht fähig seid, einwandfreie Apparaturen zu besorgen und Interviews auf Anhieb zu machen. Adiö!»

Acht Tage später – eine Panne kommt selten allein – passierte das gleiche technische Missgeschick. Renggli musste einen bekannten Mann um ein zweites Interview bitten. Und der sagte: «Warum entschuldigen Sie sich so weitschweifig? Wer arbeitet, macht Fehler. Ich hätte einst wegen eines Irrtums beinahe einen Krieg verloren. Kommen Sie in mein Hotelzimmer, wir nehmen das Interview noch einmal auf!»

Titel und Name des Verständnisvollen, der's halt nicht zum Velorennfahrer gebracht hat: Feldmarschall *Montgomery*.

Peter P. Riesterer (1919)

Peter P. Riesterer, Stadtbasler, 35 Jahre Kulturredaktor an der «TAT», Herausgeber und Autor zahlreicher kulturgeschichtlicher Werke, Bildbände und Anthologien, ist für seine mit leiser Ironie gespickte Schlagfertigkeit bekannt. Als er, der gebürtige Basler, mütterlicherseits und mit dem Herzen Tessiner, in das Zürcher Bürgerrecht aufgenommen wurde, hänselten ihn die Kollegen: Jetzt dürfe er sich in Basel nicht mehr zeigen.

Riesterers prompte Antwort: «Im Gegenteil. Die Basler, die mich im Rahmen geistiger Entwicklungshilfe vor vierzig Jahren nach Zürich schickten, sind stolz, dass einer der Ihren in Anerkennung und Würdigung geleisteter Arbeit Stadtzürcher wurde ...»

Die Zürichsee-Zeitung brachte eine Reportage über Peter Riesterers Schaffen und Wirken unter dem Titel: «Er lebte mit den Göttern.» Darauf *Erwin Jaeckle,* Ex-Chefredaktor der «TAT», an einer Stammtischrunde: «Aber aber! Es müsste heissen: ‹Mit den Göttinnen›.»

Zur Weihnachtsausstellung der Zürcher Künstler reichte Peter Riesterer in den fünfziger Jahren zwei Werke ein, die beide angenommen wurden. Später fand der Künstler im Helmhaus aber nur eines seiner Gemälde. Tage danach besuchte er mit seiner Familie nochmals die Ausstellung. Plötzlich rief seine kleine Tochter: «Papi, schau, dort hängt mein Bild!» Und es stellte sich heraus, dass das Kind in Vaters Abwesenheit das für die Ausstellung bereitgestellte, von einer Drittperson eingelieferte Bild mit weisser Dispersionsfarbe bespritzt und derart modernisiert hatte, dass der Künstler es nicht wieder erkannte.

Joachim Ringelnatz (1883–1934)

Joachim Ringelnatz hat dem Kunstmaler *Karl Hügin* ein Gedicht «Zürich» gewidmet. Eine Menge ernster Künstler seien an der Limmat zu Hause. Indessen: «Ihnen, mir, auch anderen wahrscheinlich, / Ist die Stadt zu übertrieben reinlich. / Nirgends Pferdefrüchte auf dem Pflaster. / Nirgends Sünde, nirgends Laster. / Und die Polizei berührt uns peinlich.»

Ringelnatz ferner: «In den Kneipen sah ich beim Walliser / Anfangs lauter breitgenährte Spiesser, / Immer sechs um einen Patriarchen, / Und ihr Sprechen klang mir erst wie Schnarchen.» «Ja, sie schwimmen wirtschaftlich im Glücke, / Hamstern zentnerschwere Frankenstücke, / Zahlen winzi-niedli-kleine Rappen.»

Walter Roderer (1920)

Als Bub feierte Roderer mit Familie Weihnachten meistens mit Verwandten, die in Herisau ein Restaurant führten. Einer der Stammgäste, Witwer Etter, feierte jeweils mit und brachte den Kindern hübsche Geschenke. Roderer: «Drum sang ich dort, wo es im Weihnachtslied ‹Christ, der Retter, ist da› heisst, immer vollen Ernstes: ‹Christ, Herr Etter ist da.› »

Walter Roderer stand noch am Anfang seiner Bühnenlaufbahn - bei *Alfred Rasser* war er kurze Zeit gewesen, in Dürrenmatts «Es steht geschrieben» hatte er zwei, drei Sätze sagen dürfen - als er die Ungarin *Lenke Mekkey* heiratete.

Wie er, damals Externist am Schauspielhaus, mit Lenke auf dem Standesamt im Zürcher Stadthaus zum Ja-Wort bereitsteht, bittet ein Reporterteam der Schweizer Illustrierten um Knipserlaubnis. Der Fotograf fragt, ob er noch Einzelbilder machen dürfe. Roderer, ein bisschen stolz, dass er schon so bekannt ist: «Aber natürlich, soll ich mich gegen die Wand stellen?» Drauf der Reporter: «Nicht Sie, sondern Ihre Frau. Wir machen eine Reportage: ‹Ausländerinnen heiraten einen Schweizer›.»

Bei Walter Roderer, damals beim Cabaret Fédéral tätig, läutete das Telefon. Am Apparat: Präsens-Film. Er möge einen Augenblick warten, man verbinde ihn mit der Sekretärin von Lazar Wechsler. Wechsler? *Lazar Wechsler* war jahrzehntelang Helvetiens führender Filmproduzent. Jetzt, dachte Roderer, jetzt kommt sie, die grosse, längst ersehnte Chance beim Film!

Und es meldete sich das Sekretariat von Präsens-Boss Wechsler: «Herr Roderer, wir rufen Sie an im Auftrag von Herrn Wechsler. Er lässt fragen, ob Sie, selbstverständlich gegen Honorar, für seine Enkelkinder den Samichlaus spielen würden?»

S

Alex Sadkowsky (1934)

Man sprach von Kunstmaler Alex Sadkowskys «Selbstbildnissen mit Kaninchen als Kopfbedeckung». Einer fragte: «Warum bildet er sich mit einem Kaninchen auf dem Kopf ab?»
 Antwort des Malers *Friedrich Kuhn:* «Damit deutet er seine Potenz an.»

St. Jakob

Nach der Schlacht bei *St. Jakob* an der Sihl hatten es die Glarner nicht eilig mit dem Abzug. Vom Lindenhof aus, wo schon die Römer ein Kastell erbaut hatten und wo im Mittelalter eine Pfalz mit Burg und Kapelle stand, schossen die Zürcher mit ihrer grössten Kanone nach der Scheune, hinter der sie ihre Feinde wussten. Die Kugel riss angeblich einem Pferd das Hinterteil weg, sauste hinten durch die Bretterwand über einen Tisch zwischen den erstaunten Glarner Sennen durch, räumte Geschirr und Speisen ab, tat jedoch, wie man vernimmt, keinem etwas. Ausser dem Mann am Ende des Tisches: der verlor seinen Kopf.

Sauberkeitswochen

1959 lief die Aktion «Zürich – freundlich und sauber». Stapi *Emil Landolt* wischte zur Eröffnung in aller Herrgottsfrühe ein paar Quadratmeter Hauptbahnhofplatz mit einem Besen.

Im gereimten Aufruf hiess es damals: «Seid lieb zueinander, seid gut zueinander, / wo immer ihr wandelt, wo immer ihr steht. / Habt acht aufeinander, tragt Sorg zueinander, / weil alles so leichter vonstatten geht.» Nach Aufrufen zu Höflichkeit und Freundlichkeit dann: «Und noch eine Bitte, sehr leicht zu erfüllen: / Wohl dürft ihr mit Wonne Papiere zerknüllen, / doch werft sie nicht achtlos und irgendwo fort, / denn ‹Abfälle› heisst das entscheidende Wort / für dieses und alles, was Ihr nicht mehr braucht, / ob einer nun knabbert, ob einer nun raucht. / Die Stummel, die Büchsen, die Schachteln und Hudeln, / sie sollen das Antlitz der Stadt nicht versudeln.»

Die Aktion «Zürich – freundlich und sauber» umfasste auch die Hunde. Es ging der Vers an ihre, respektive an ihrer Besitzer Adresse: «Und auch unsre Freunde auf ihren vier Beinen, / sie sollen in hündischem Stolze nicht meinen, / sie dürften an allen unpassenden Ecken / der hinteren eines dort himmelwärts strecken / sowie in der Stadt, sei's auf dreien, auf vieren, / die Spur ihres Daseins zu deutlich markieren.»

Ferdinand Sauerbruch (1875-1951)

1910 wurde Ferdinand Sauerbruch vom Zürcher Regierungsrat telegrafisch angefragt, ob er nach Zürich kommen könne. Sauerbruch wusste: der Lehrstuhl der Chirurgie an der Universität Zürich und zugleich der Posten eines Direktors der Chirurgischen Klinik des Kantonsspitals werden frei. Sauerbruch reiste mit Gattin aus Marburg nach Zürich. Der Zuständige in Zürich, Regierungsrat *Ernst,* war auf einer Dienstreise unterwegs. Sauerbruch sass abends in der Halle des Hotels «Baur au Lac». Der Hallenkellner: «Kann ich etwas tun für Sie? Sie sehen schlecht aus. Leute von Welt trinken ‹Irroy Cordon bleu›.» Sauerbruch tat's, und es bekam ihm wohl. An den nächsten drei Abenden riet ihm der Kellner zu den Champagnermarken Veuve Clicquot, Mumm, Moët et Chandon.

Als Regierungsrat Ernst zurückkam, hörte er sich um, warf Sauerbruch vor, er trinke Schämpis im Hotel, im Kabarett, überall. Die Uni-Fakultät riet ab: Sauerbruch säuft. Indessen: Sauerbruch wurde per 15. Oktober 1910 angestellt. Besoldung: 4000 Franken als Hochschulprofessor, 3500 Franken als Direktor der chirurgischen Klinik und Poliklinik. Datiert: 6. Oktober 1910.

1914 sollte die neu erbaute Universität eingeweiht werden. Eines Tages streikten die Gipser wegen Lohnforderungen. Überall hatten sie Streikposten aufgestellt. Sauerbruch wollte, wie immer im weissen Ärztekittel von der Klinik nach Hause eilen. Da baute sich ein bulliger Typ mit Stock vor ihm auf, drohte: «Unverschämter Streikbrecher!»

Sauerbruch: «Was fällt Ihnen ein, ich bin Professor Sauerbruch.»

Der Streikposten enttäuscht: «Also gut, dann geh weiter!»

Ferdinand Sauerbruch behandelte in Zürich auch zwei russische, aus dem Zarenreich emigrierte Patienten. Der zweite hatte eine fürchterlich geschwollene Backe. Sauerbruch: «Nach dem Kolleg fand ich ihn vor dem Kantonsspital auf einer Bank, setzte mich zu ihm und fragte, warum er nicht zum Zahnarzt ginge. Der Zahnpatient: ‹Ich habe kein Geld.›» Sauerbruch zog ihm den kranken Zahn. Der Mann nannte sich damals Uljanow; später hiess er *Lenin*.

Sauerbruch hat in Zürich prominenten Besuch. Nach dem Essen: Bummeln und Rauchen im Garten. Die drei Buben Sauerbruchs spielen in einem Sandhaufen, haben aus Sand Häuser und Wälle gebaut. Ein Gast Sauerbruchs deutet auf ein Sandhaus: «Was ist denn das?»

Ein Sohn Sauerbruchs: «Das Kantonsspital, wo Vater arbeitet.»

Der Besucher: «Und die Fläche dahinter?»

Der Sauerbruch-Sohn: «Das ist der Friedhof.»

Josef F. Sauter

Stadtpräsident *Sigmund Widmer* musste der Expovina-Eröffnung 1974 wegen eines Gesprächs über die Wasserversorgung der Stadt Zürich fernbleiben. Hierzu Expovina-Präses J. F. Sauter: «Der Stapi *Emil Landolt,* Widmers Vorgänger, hätte seinerzeit sicher anders gehandelt und sich gesagt: ‹Was kümmert mich das H_2O, ich gehe an die Wein-Expo!› »

Erstmals 1974 kam an der Expovina Stadtwein vom Höngger Rebgut auf den Tisch. Der «Höngger Klevner» brachte es 1973 auf durchschnittlich 84 Öchslegrad. Expovina-Präsident J. F. Sauter meinte dazu: «Das ist ein eklatantes Beispiel dafür, was der Stadtrat von Zürich fertigbringt, wenn er die Natur machen lässt.»

Expovinapräsident Josef F. Sauter bekam zum Zwanzigjahr-Jubiläum seiner Weinausstellung auf Zürichseeschiffen ein im Appenzellerland gefertigtes neues Eichenfass geschenkt. Leer allerdings. Spender aber füllten es dann, schon «um zu vermeiden, dass Präsident Sauter ein zweiter Diogenes wird.» Wozu Sauter später bemerkte. «Diogenes war übrigens der erste Gammler: untätig an der Sonne höckeln und dumm daherreden.»

Schauspielhaus

Im Jahre 1938 übernahm *Oskar Wälterlin* die Direktion des Schauspielhauses Zürich und eröffnete die erste Spielzeit mit dem ‹Götz von Berlichingen.› Bei einem bestimmten Satz brachen die Zuschauer in begeisterte Zustimmung aus.

Der Satz lautete – und hoffentlich hat niemand etwas anderes erwartet –: «Wenn die Freiheit uns überlebt, können wir ruhig sterben.» Das war, wie gesagt, 1938.

Johann Jakob Scheuchzer (1672–1733)

Johann Jakob Scheuchzer wurde 1694 Zürcher Waisenarzt respektive zweiter Stadtarzt. Eine Professur für Mathematik am Carolinum, die man ihm auch versprochen hatte, erhielt er erst ein Vierteljahrhundert später, nämlich 1719. Den Chorherren und Theologen war Scheuchzer zu fortschrittlich gesinnt, wofür als Beispiel eine zeitgenössische Meldung stehen möge:

«Herr Dr. Scheuchzer hatte eine weisse Krähen, die kam ihm aus und auf Herrn Baptistens Dach. Herr Dr. stieg ohne Schuhe auf das Dach, lockte und erwütschte sie, entschlipfte jedoch und kam bis zum Kännel, konnte aber mit dem Fuss an denselben anheben, wieder aufstehen und sich salvieren und behielte die Krähen immer in der Hand. Man sagt, wenn er totgefallen wäre, hätten die Chorherren der Krähen ein Leibding (= Leibrente) geordnet.»

Peter Schifferli (1921-1981)

Peter Schifferli, Verleger von Autoren wie *Fridolin Tschudi* und *Friedrich Dürrenmatt,* zu einem Bekannten, der ihm per 1964 ein gutes neues Jahr anwünschte: «Neujahr? Was ist Neujahr? Neujahr ist der Tag, an dem man sich überlegt: was haben wir letztes Jahr *nicht* gemacht?»

Verleger Peter Schifferli gab (zusammen mit *Otto Fehr*) einen «Antiknigge» mit dem Untertitel «Von der Kulturgeschichte des Fluchens» heraus. Vorne drin eine Widmung, die da lautet: «Dieses Buch müsste eigentlich jenem Radfahrer gewidmet sein, den *Werner Bergengruen* eines Sommerabends am Zürcher Bellevueplatz ausrufen hörte: ‹Sie verfluchter Leuchtturmwärter, Sie!› »

Werner Bergengruen, der elf Jahre in Zürich lebte, fiel unterwegs zu einer Einladung ein: Man sollte ein kleines Präsent mitbringen. Er ging in eine Buchhandlung am Limmatquai und sagte: «Ich hätte gern das Buch *Der spanische Rosenstock* von Werner Bergengruen.» «Tut mir leid», antwortete die junge Verkäuferin, «wir haben unsere Spanisch-Abteilung kürzlich aufgehoben.» So erzählte es Bergengruen-Verleger Peter Schifferli. *Armin Schibler* hat nach dem Buch eine Oper komponiert.

Werner Bergengruen brachte bei Peter Schifferli ein Buch *Baedeker des Herzens* heraus. Weder der Verleger noch der Autor hatten daran gedacht, dass der Name «Baedeker» geschützt sein könnte. Er war's und ist's. Und deshalb musste Bergengruen den Buchtitel abändern in *Badekur des Herzens*.

Othmar Schoeck (1886–1957)

Cellist Julius Bächi berichtet: Pianist *Sulzberger,* ein origineller Klavierkauz, ganz auf Debussy eingestellt, französische Manieren pflegend, begegnete auf einer Gesellschaft dem Dirigenten und Komponisten Othmar Schoeck, dem die sanft spintisierende Art Sulzbergers nicht unbekannt war.

Prompt stellte sich Sulzberger vor: «Sülsbersché». Schoeck vergalt Gleiches mit Gleichem: «Sgögg!»

Am 1. September 1956 gratulierte *Rolf Liebermann* Othmar Schoeck zum 70. Geburtstag:

Lieber Herr Schoeck,
einer der stärksten musikalischen Eindrücke meiner Jugend war Ihre «Penthesilea». Ich war noch ein halbes Kind, als das Werk im Stadttheater gegeben wurde. Vorher las ich das Stück, begriff aber nichts. Ob ich die Oper verstand, weiss ich nicht, ich wurde einfach mitgerissen, überwältigt von der In-

tensität der Musik. Nach der Vorstellung wollten die Eltern in die «Kronenhalle», was ich als ungeheures Sakrileg empfand. Grenzenlos wurde aber meine Verwirrung, als mein Vater auf den Ecktisch ganz hinten links zeigte und sagte: «Siehst Du – der mit dem Weissweinglas - das ist der Komponist.» Ich wollte es nicht wahr haben, dass ein so grosser Künstler einfach in einem Restaurant statt auf einem Pferd oder einer Wolke sitzen sollte, und die Serviertochter musste schliesslich bezeugen, dass die Eltern recht hatten.

Dies war meine erste verwirrende Begegnung mit Ihnen. Bald darauf kam ich nach Trogen in die dortige Kantonsschule. Mit einer Anzahl musikinteressierter Kameraden besuchten wir regelmässig die Abonnementskonzerte in St. Gallen, die Sie in jenen Jahren noch leiteten. Ihnen danke ich die erste Bekanntschaft mit den Meistern der Vergangenheit und Gegenwart in den jungen Tagen der grossen Aufnahmebereitschaft. Übrigens hatte es sich im Trogener Internat herumgesprochen, dass es unter Vorgabe eines Konzertbesuches leicht sei, Ausgang zu bekommen. Und bald fuhr die halbe Schule am Donnerstag nach St. Gallen. Doch, hélas, die wenigsten gingen ins Konzert, die Mehrheit wanderte erwartungsvoll ins «Trischli». Im Schuljargon hiessen diese Pubertätsausflüge: «Mer gönd zum Schocck», und ich kann mich von der schönen Sünde auch nicht freisprechen, manchen Beethoven auf dem Altar der spärlich bekleideten Terpsichore geopfert zu haben.

Viele Jahre später erst hatte ich das Privileg Ihrer persönlichen Bekanntschaft. In Winterthur führte *Scherchen* zum erstenmal ein Stück von mir öffentlich auf, es war die Giraudoux-Kantate. Im gleichen Programm fand die (ich glaube) Ur-Aufführung Ihrer «Sommernacht» statt. Ich sass aufgeregt und stolz neben Ihnen in der berühmten reservierten Reihe, und *Werner Reinhart* stellte mich Ihnen vor. Sie müssen meine mühsam verborgene innere Spannung gespürt haben, denn als *Rehfuss* und Scherchen zu meinem Stück auftraten, sagten Sie ganz trocken und sachlich: «Wenn's fertig sind, müend Sie dänn seckle, susch langed's nöd zum Verbüge, d'Winterthurer sind nämli hert.» So war es auch.

Nun, lieber Herr Schoeck, viele Jahre sind inzwischen schon wieder vergangen, und jetzt feiern Sie gar Ihren 70. Geburtstag. Ich habe den zahllosen Ehrungen und Glückwünschen diese paar Geschichten beigefügt, um Ihnen zu zeigen, wie sehr ich und meine Generation mit Ihrem Werk und Ihrer Person verbunden sind.

Empfangen Sie die allerherzlichsten Wünsche Ihres Ihnen stets dankbaren

Rolf Liebermann.

Das Tonhalleorchester probte Werke von Othmar Schoeck. Und zwar recht ausgiebig. «Gottlob», sagte ein Cellist nach der Probe, «ich bin schon ganz erschöckt!»

Der gleiche Musikus bemerkte, nachdem

ein langhaariger Dirigent eine Aufführung geleitet hatte: «Er machte schlechte Mähne zum guten Spiel!»

Carl Schuricht (1880–1967)

Carl Schuricht 1956 während einer Probe der achten Bruckner-Sinfonie nach ungeduldigem Abklopfen: «Bitte, meine Herren, keine Witze erzählen, das stört! Bedenken Sie, ein Dirigent ist sozusagen auch nur ein Mensch, obschon oft daran gezweifelt wird.»

Richard Schweizer (1900–1965)

Theater- und Filmautor Richard Schweizer wuchs an der Ecke Oberdorfstrasse/Trittligasse im Zürcher Haus «Zum Sitkust» auf, also im einstigen Wohnhaus *Hans Waldmanns*.

Als Bub hörte Schweizer im Quartier Küferklopfen, Klavierstimmen, Bandsägenfräsen, Kegelgepolter vom «Weissen Wind» herüber, im Frühling Serenaden liebebedürftiger Katzen, aus dem Garten des Oberrichters Wyss Hühnergegacker. Und am offenen Fenster einer verwitweten Nachbarin pfiff, wie Schweizer berichtet, ein Papagei mit Ausdauer die Melodie der Operettenarie «Ach, ich hab sie ja nur auf die Schulter geküsst»; diese Darbietung wurde freilich in fast regelmässigen Abständen abgelöst vom gellenden Papageienausruf: «Kaiser Wilhelm lebe hoch!»

Sechseläutenmarsch

Ungeklärt ist noch heute die Herkunft des Sechseläutenmarsches. Als alter Jägermarsch war er schon lange in Deutschland bekannt. Und schon *Jean-Jacques Rousseau* hat 1768 in seinem «Dictionnaire de musique», in Paris herausgegeben, als Notenbeispiel einige Takte eines anonymen «Marche des mousquetaires du roi de France» angeführt: Takte, die mit dem Sechseläutenmarsch identisch sind. Auch *Jean-Baptiste Lully,* Hofkomponist Ludwigs des Vierzehnten, wird als Autor des Marsches genannt.

Indessen erlebte Prof. Dr. *Fritz Gysi,* Musikreferent, vor Jahrzehnten die Aufführung einer ausländischen Theatertruppe im Saal der Kaufleuten in Zürich. Als in einer Szene ein Grenadier von seinem Herzkäferchen Abschied nahm, erklang der Sechseläutenmarsch. Die Besucher fassten das als charmante Huldigung an Zürich auf und applaudierten entsprechend. Aber dann stellte sich heraus, dass die Melodie in der Heimat der Theatertruppe als alter Militärmarsch im Umlauf war.

Die Truppe hiess übrigens *Balagantschik-Theater* und war ein Konkurrenzunternehmen zum «Blauen Vogel». Sie stammte aus – Russland.

Haupttag des Sechseläutenmarsches ist – sein Name sagt es – das Sechseläutenfest: jener Tag, an dem, wie Carl Spitteler lobend hervorhob, «die Gesetze schlafen und die Behörden trinken».

Wozu er gleich noch bemerkte, die Zürcher seien sehr nüchtern bei ihrem Frühlingsfest, obwohl «hüben und drüben der Limmat ein erstaunlicher Segen an Wirtshäusern herrscht, in welche viele Spuren hinein, aber wenige hinausführen».

Indessen: Noch 1893, am ersten Sechseläuten der durch die Eingemeindung von elf Vororten erweiterten Stadt, wurde auf dem Lindenhof nicht der Sechseläutenmarsch gespielt, sondern – der Bernermarsch.

Seegfrörni

Die Schriftstellerin *Ricarda Huch* erwähnt die Zürcher Seegfrörni 1890/91 samt Volksfestartigem, Schlittschuhläufern, Erfrischungsbuden, Musik, Beleuchtung. Und notiert: «Einer kleinen tragikomischen Begebenheit erinnere ich mich aus der Zeit der Seegfrörne: ein Mann, der im Leuen von Bendlikon zu viel getrunken hatte, ging am Abend, als es schon dunkelte, über den See nach Küsnacht, obwohl man ihn warnte; denn das Eis war in jener Gegend nicht fest. Dem Ufer schon nahe, brach er ein. Als er merkte, dass er unterging, schwenkte er den Hut, rief ‹Adio Welt!› und versank ...»

Seesturm

Aus dem 19. Jahrhundert: Der Bootbauer und Schiffmann (Schiffme) Reichling, aus einer alten Schifferfamilie stammend, hatte einst den Pfarrer von Küsnacht über den See zu rudern. In der Seemitte wurden sie von Sturm und Regen überrascht. Die Not war so gross, dass der Geistliche den Schiffer fragte: «Chönd er bätte, Rychlig?» Dieser gab zurück: «Chönd Sie schwüme, Herr Pfarrer?»

Carl Spitteler (1845–1924)

Cécile Lauber erzählt, wie sie Carl Spitteler, u. a. Feuilletonchef der NZZ, aufsuchte, um ein Manuskript von ihm überprüfen zu lassen. Ihre Frage nach seinem Hexenschuss löste ein ganzes Intermezzo aus.

Spitteler: «Mein Hexenschuss? Lassen Sie mich Ihnen erklären, wie ich den zu heilen pflege. Wissen Sie, wie die Badehosen eines Herrn aussehen? Nun, da hinein nähe ich Rheumawatte; die trage ich so auf blosser Haut. Ein schlaues Bäuerlein anvertraute mir überdies ein Allerweltheilmittel: Man leere eine volle Zündholzschachtel auf den Fussboden aus, also so –. Nun wird jedes einzelne Hölzchen wieder aufgehoben, so –.» Spitteler bückt sich, die Knie krachen gewaltig, schnellt wieder hoch und geht aufs neue in die Knie, wohl über ein dutzendmal.

«Bitte, machen Sie doch mit!» ruft er aufmunternd dazwischen, und es bleibt Cécile Lauber nichts anderes übrig, als fröhlich mitzuturnen. Danach erst beginnt er Céciles Manuskript Zeile für Zeile mit ihr durchzunehmen.

Stadtheilige

Zürichs Stempelsujet: die drei Stadtheiligen Felix, Regula und Exuperantius (volkstümlich «Häxebränz»). Alle drei tragen den Kopf in den Händen vor sich hin; sie erlitten einst den Opfertod. Als *Friedrich der Grosse* dieses Stadtsiegel zu sehen bekam, sagte er kopfschüttelnd: «Bei den Zürchern scheint es sich um kopflose Leute zu handeln.»

Richard Strauss (1864-1949)

Neben Kürzungen gab es noch andere Massnahmen, zu denen Theaterdirektoren greifen mussten, wenn sie eine Oper von Richard Strauss aufführen wollten. In Zürich erwog Direktor *Alfred Reucker* («Proben-Alfred») eine Aufführung der «Elektra», worauf ein Mitglied des Lesezirkels Hottingen ein Gedicht verfasste, in welchem Strauss Reucker fragte: «Nun, Alfred, du willst Elektra geben? Ja, Freundchen, tu' dich nicht überheben! Hast du für Elektra 'ne Sängerin? Wo steckst die 120 Mann du hin?»

Und Reucker, zu dessen Hauptstars der Sänger *Bruno Wünschmann* gehörte, antwortete: «Ach, Richard, wenn 60 davon ich streiche, so ist's für das Publikum doch das gleiche. Die Elektra kann der Wünschmann singen, – dann werden wir's auf 12 Wiederholungen bringen.»

Für die Junifestwochen 1948 stand wieder «Elektra» unter der Leitung von *Hans Knappertsbusch* auf der Programm. Strauss war damals in Zürich und wollte die Aufführung gern mitanhören. Knappertsbusch jedoch erklärte: «Wenn ‹der Alte› im Haus erscheint, lege ich den Taktstock nieder.» Strauss schlich sich aber nach Beginn des Einakters auf einen hinteren Logenplatz und verliess ihn vor dem letzten Erklingen des Agamemnonmotivs.

Dirigent *Otto Ackermann* erklärte einmal zu «Elektra»: «Ich kann durchaus verstehen, dass Strauss keine Pause in ‹Elektra› eingebaut hat. Er wollte den Besuchern keine Gelegenheit geben, vorzeitig heimzugehen.»

Schaaggi Streuli (1899–1980)

Der Schauspieler, Regisseur und Autor *Jörg Schneider* spielte 1958 erstmals bei Schaaggi Streuli. Nach fünf Minuten sagte Streuli, als knorrig bekannt: «Du bisch nöd unbegabt, aber du Tubel chasch ja nöd rächt tüütsch.»

Schneider, damals noch Abstinent, lernte später einen guten Tropfen schätzen. Als er Jahre nach dieser Begegnung wieder einmal mit Streuli zusammentraf, gingen sie einen Halben trinken. Und Schaaggi Streuli sagte zu Jörg Schneider: «So Schneider, jetzt chasch wenigschtens suffe, aber Züritüütsch chasch immer na nöd.»

T

Tinguely (1925)

Jean Tinguely, in Freiburg im Üchtland geboren, bewertet seine für die Expo 1964 in Lausanne geschaffene, seit vielen Jahren in Zürich stehende Bewegungsplastik «Heureka» nach seinen eigenen Worten «als Phänomen des Sinnlosen, das in den Betrachtern Zweifel aufkommen lassen soll über die Nützlichkeit menschlichen Tuns in den letzten industriellen Wunderjahren».

Schriftsteller *Hugo Lötscher* meinte zur «Heureka» von Tinguely, sie gelte den Zürchern als Symbol für den Leerlauf: «Aber die Maschine läuft nur zu einer bestimmten Tageszeit. Es entspricht der Ordentlichkeit dieser Stadt, dass es auch für den Leerlauf einen genauen Zeitplan gibt.»

Töneli

«Töneli», eigentlich Anton Ledergerber, Halbclochard, Meister im Grimassenschneiden, Modell von *Varlin* und auch vom Bildhauer *Arnold Huggler,* Stammgast in der Zürcher «Herberge zur Heimat», hatte seine Triumphgeschichte: ein Zürcher Bildhauer seufzte beim Durchlesen des «Tagblatts» betrübt: «Jetzt hat's den Anton erwischt.» Wenige Tage zuvor noch hatte er mit Anton zusammen einen Guss fertiggemacht. Item:

der Künstler kaufte einen prächtigen Herbststrauss und legte die Blumen aufs Grab des ehemaligen Handlangers und Modellstehers.

Tage später klopfte es an die Brettertür des Künstlerateliers. Herein stolperte ein kleines Männchen, räusperte sich, blickte verschmitzt drein. Schüchterne Frage aus zahnlosem Mund: «Meister, wie steht's, gibt's diesmals auch etwas Zahltag?»

Der Bildhauer erholte sich nur langsam vom Schrecken. Und realisierte: nicht sein Gelegenheits-Handlanger und Gelegenheits-Modell war gestorben, sondern dessen Cousin, der gleichfalls Anton Ledergerber hiess!

Tourismus

Ein Kongressteilnehmer aus dem Nahen Osten liess sich durch einen Fotografen auf dem Präsidentenstuhl des Zürcher Rathauses ablichten. Auf der Rückseite der Foti musste der Rathausweibel Unterschrift und Stempel anbringen. Denn, so erklärte der Mann dem Weibel und Hauswart: «Ohne das Bild bekomme ich kein Spesengeld, weil mir die Regierung nicht glauben würde, dass ich an den Sitzungen teilgenommen habe.»

Johann Jakob Treichler (1822–1906)

1859 gab der Zürcher Regierungsrat ein Bankett zu Ehren von Diplomaten, die eines internationalen Anlasses wegen nach Zürich gekommen waren. Ein österreichischer Diplomat gestand seinem Tischnachbarn, einem Regierungsrat, mit Zürich verbinde ihn eine besondere Erinnerung:

«Als junger Diplomat war ich in der damals politisch sehr unruhigen Schweiz. Und in Zürich hat sich ein langer, hagerer Kerl herumgetrieben, der für den Kommunismus agitierte. ‹Leichler› hiess er oder ‹Weichler› oder vielleicht auch ‹Bleichler›.»

Da unterbrach ihn der Tischnachbar und Regierungsrat: «Ich kann Ihnen auf die Spur helfen, Exzellenz. Dieser Mann sitzt uns direkt gegenüber. Es ist der Regierungsratspräsident Treichler.»

Fridolin Tschudi (1912–1966)

Ein Journalist suchte Prominente zusammen, die weitab von ihren Berufen Sechstagerennen besuchten. Er stürzte sich zum Beispiel auf Fridolin Tschudi, sich dessen Gedichtes erinnernd mit den Zeilen: «Hallenstadion, vollgepfropft – / Fahrerherz, das heftig klopft, / übertönt von Lärm und Krach – / Startschuss! - Blitzlicht dutzendfach. / Füsse treten ins Pedal / – Erste Runde im Oval.»

Aber Tschudi lächelte nur milde und gestand: Er habe nie ein Sechstagerennen besucht, sondern sich durch Schilderungen im Freundeskreis inspirieren lassen. Er sagte aber gleichzeitig: «Ich möchte jetzt wirklich einmal ans Sechstagerennen gehen. Schon damit ich, hoffentlich, zu mir sagen kann: Prima, genau so, wie ich es geschildert habe! Das ist mir schon mehr als einmal passiert.»

Kurt Tucholsky (1890-1935)

Kurt Tucholsky, der sich im Dezember 1935, von den Nationalsozialisten längst ausgebürgert, in Schweden das Leben genommen hat, wohnte vom 28. November 1932 bis zum 4. September 1933 in Zürich an der Florhofgasse 1 bei einer Freundin. Auf einem seiner Briefe aus jener Zeit findet sich die kuriose Datierung «Zürich/ a. d. Züre, heute». Und in einem seiner Scherzbriefe parodierte er *Gottfried Kellers* Brief an die «schöne Rieterin» vom Oktober 1877. Absender: «Gottfried Panter, Zürich, Kellerstr. 1». Auszugsweise:

«Verehrtes Fräulein Müller! Erschrecken Sie nicht, dass ich Ihnen einen Brief schreibe und sogar einen Liebesbrief, verzeihen Sie mir die unordentliche und anständige Form desselben, denn ich schreibe denselben in der Badewanne, aber ich bin gegenwärtig in einer solchen Verwirrung, dass ich unmöglich einen wohlgesetzten Brief machen kann, und ich muss schreiben, wie mir der Bart gewachsen ist. Ich bin noch gar nichts und muss erst werden, was der *Professor Faesi* schon ist ... und bitte ich Sie nochmals, verehrtes Fräulein, an der Verworrenheit dieses Briefes keinen Stoss zu nehmen, es ist nicht Mangel an Dezenz oder Respekt, das mich zu demselben veranlasst, sondern mein Gemütszustand. Ich bin Student der Philologie und besitze Gottvertrauen sowie 4 Hemdkrägen. Gottfried Panter.»

U

Johann Martin Usteri (1763–1827)

Der finanziell unabhängige Zürcher Maler-Dichter Martin Usteri betrieb die Malerei als Liebhaberei, riet aber seinen Kollegen, aus ökonomischen Gründen halbfertige Muster von Bildern zu erstellen und diese gemäss den Wünschen allfälliger Käufer zu vollenden.

Beispiel: eine Landschaft mit dem Arbeitstitel «Gegend von . . .» Wünschte der Käufer «Tösstal», konnte man das Werk entsprechend komplettieren. Usteri riet auch zu Wirtshausschildern wie «Zum goldenen . . .» mit einem Halbtier, das nach Wunsch zum «Rössli», zum «Ochsen», zum «Löwen» oder zum «Hirschen» ausgebaut werden konnte.

Eine dritte Gattung von rationellen Halbfertigprodukten: «Feldherr zu Pferd», mit Ausbaumöglichkeiten für Napoleon, Friedrich den Grossen, Prinz Eugen oder Feldherr Suworow.

V

Varlin (1900–1977)

«Ich erblickte das Licht der Welt am 16. März 1900. Als Fisch geboren, mit einer Zwillingsschwester in Zürich an der Schützengasse, bis 50 knochen-Stier, war mit 4 Sternzeichen die Voraussetzung für ein kommendes Genie gegeben.» So äusserte sich einst Varlin, bürgerlich: Willy Guggenheim, Pseudonym nach einem Pariser Strassennamen. Varlin: «So kam ich nicht nur zu einem Namen, sondern schon zu Lebzeiten zu einem Strassennamen.» Varlin starb im Oktober 1977, zehn Jahre nachdem er geschrieben hatte: «Sterben sollte man. Für die Kunsthändler geht's immer erst ans Lebendige, wenn's ans Sterben geht.»

In Neapel notierte Varlin: «Müde geworden, immer nur Baugerüste zum Putzen und Schleissen von Altehrwürdigem zu sehen, entschloss ich mich, Zürich, dieses bazillenfreie Sanatorium für Gesunde, mit Neapel zu vertauschen. Lieber einen Tag in Neapel wie ein Löwe leben als in Zürich ein halbes Jahrhundert wie ein Schaf.»

Varlin, in die Fünfziger gekommen, entdeckte frei nach Wilhelm Busch seinen Hang zum Küchen- (und Dienstmädchen-) Personal. Eine seiner Schwächen, die Italienerin Livia, liess in der Fasnachtszeit in Varlins, von der Stadt Zürich zur Verfügung gestellten, Atelier im Beckenhofgut einen Nylonmantel über dem Rechaud liegen. Folge: lichterlohe Flammen. 40 Bilder wurden vernichtet, die andern sahen laut Varlin «wie Rem Brand» aus. Der Künstler zu seiner Livia, die er im Bahnhofbuffet traf: «Du hast mich ruiniert.» Worauf die Gute bös: «Du immer dummi Snurre!»

Mit 63 Lenzen heiratete Varlin seine Freundin Franca aus dem Bergell. Zwar hatte er zahlreiche Vermählungsanzeigen geschrieben, verschickte sie aber aus Bequemlichkeitsgründen nicht.
Werner Wollenberger erkundigte sich Monate nach der Geburt der Varlin-Tochter Patricia, wie's der Kleinen gehe. Varlin: «Ein hochintelligentes Kind, es kennt mich schon, obschon es erst ein halbes Jahr alt ist. Jedesmal, wenn es mich sieht, ruft es jedenfalls: ‹Gaga!› »

Porträtieren (ein Kritiker nannte es allerdings «malträtieren») war eine starke Seite Varlins: «Ich entdecke mit der Zeit die masochistische Neigung der Intellektuellen, sich von mir malen zu lassen. Der Schutzverband der von Varlin Geschädigten umfasst immer weitere illustre Namen.» Der Reigen der Porträtierten reicht von Verleger *Peter Schif-*

ferli (dem der Autor dieses Anekdotenbändchens die Bekanntschaft mit Varlin verdankt) über *Friedrich Dürrenmatt* und «Kronenhalle»-Herrin *Hulda Zumsteg* bis zum Friedensapostel *Max Daetwyler,* aber auch zu Bettlern, Hausangestellten, Gefangenen. Einem Rechtsanwalt verlangte Varlin wegen dessen Doppelkinns den doppelten Tarif fürs Porträt!

Varlin erhielt mit 67 den Zürcher Kunstpreis. Am Festakt redete er nicht selber, sondern beauftragte seinen Freund *Friedrich Dürrenmatt,* den er übrigens, nach Dürrenmatts Formulierung, «als eine Mischung von Ganghofer und Nero» porträtiert hatte. Den Stadtpräsidenten bat er aus Distanz, er möge dem Festaktpublikum mitteilen, dass er, Varlin, seit jeher alle Kunstpreisträger für senil und korrupt gehalten habe und dass er konsequenterweise das gleiche in Zukunft auch von sich selber annehmen wolle.

Auch Stadtpräsident *Emil Landolt* sass Varlin Modell. Posierte gut und gern fünfmal einen halben Vormittag, obschon der Maler ihn mit dem Hinweis gelockt hatte, mehr als zwanzig Minuten beanspruche die Sache nicht. Den blauen Anzug zum Stapi malte Varlin aus der Phantasie. Eine Weinflasche, die er neben dem Stapi auf die Leinwand gepinselt hatte, wurde auf Landolts Wunsch («Obschon ich aus einer Weinhändlerfamilie stamme») weggeschabt.

Als im Dezember 1970 in der traditionellen, von der Präsidialabteilung veranstalteten Zürcher Kunstausstellung figürliche Kunst gezeigt werden sollte, war Varlin nicht greifbar. Frau *Leida Feldpausch-de Boer* stellte sowohl das Landolt-Porträt, das sich in ihrem Besitze befand, als auch ihr eigenes Porträt zur Verfügung. Und *Max Bill* äusserte sich im Katalog-Vorwort abschätzig über figürliche Kunst.

Am 29. November 1970 begann das Drama. Sonntagmorgen, zehn Uhr. Varlin tauchte erbost im Helmhaus auf, zerschnitt mit einer Rasierklinge das Bild von Frau Feldpausch. Entfernte sich, kam nochmals. Und zerschnitt das Stapi-Bild. Gründe seiner Wut: Varlin-Werke ohne seine Einwilligung ausgestellt, ätzende Sätze Bills über figürliche Kunst.

Happy end I: Die Bilder wurden kunstgerecht repariert, die Versicherung zahlte, Varlin entschuldigte sich bei Landolt.

Happy end II: 1977 schenkte Frau Feldpausch – Jubiläumsanlass: «50 Jahre Firma Feldpausch AG» – ihren «Emil Landolt» der Stadt Zürich.

C. F. Vaucher (1902–1972)

C. F. Vaucher, Schriftsteller, Kabarettexter, Radio- und Fernsehmitarbeiter, Teilnehmer am spanischen Bürgerkrieg, ursprünglicher Neuenburger, lebte und wirkte als freier Schriftsteller bei und in Zürich. Schon als Bub interessierte er sich fürs Kochen, obschon seine Mutter tadelte: «Cuisine isch nix für Büewe.» Die Sprache verrät: «Vauchi», wie seine Freunde ihn nannten, wuchs im Elsass auf. Er machte sich bei jeder Gelegenheit an die Haushälterin Louise heran, die beim Zwiebelschneiden und auch sonst gern und oft heulte. Und Vaucher weinte flott mit. Louise weihte ihn in gastronomische Geheimnisse ein, und so hat Vaucher sich seine ersten Rezepte, die er später für mageres Honorar publizierte, buchstäblich erweint.

«Gelöscht» heisst's zwar bei aufgebrummten Bussen nach einer bestimmten Zeit. Aber als C. F. Vaucher Zürcher Bürger werden wollte und der zuständigen Kommission mitteilte, er habe sich seines Wissens nie etwas Krummes zuschulden kommen lassen, liess man ihn beiläufig doch wissen: Einmal sei er beim Wechsel von Gelb zu Rot mit dem Auto bussenpflichtig über eine Kreuzung gefahren, und ein andermal habe er, nach ausgiebigem Weissweinkneipen zu Fuss unterwegs, spät nachts im Freien beim Zürcher Kaspar-Escher-Haus ein so feuchtes wie fröhliches ‹Brunzchen› deponiert. Und dafür sei er mit 4.80 Fr. gebüsst worden.

Helen Vita (1928)

Nett ironisch serviert Helen Vita, Gattin des Komponisten *Walter Baumgartner,* Zollikerberg («Guet Nacht mitenand und chömid guet hei!»), ihren Geheimtip zur Schönheitspflege: täglich siebeneinhalb Minuten Grimassenschneiden. Und sie sprach, als der Autor dieses Buches sie auf der Bühne sah und hörte, vom prächtigen Erfolg ihres Rezeptes: «Obwohl ich schon 45 bin, werde ich immer noch auf bloss vierundvierzigeinhalb geschätzt.»

J. Vontobel (1924)

Wie wird man Erbe? Dazu gab laut Hamburger «Welt» um 1973 das zürcherische Regionalblatt «Dübendorfer Anzeiger» folgende Antwort: «Entweder indem man das Buch liest ‹Wie man einen reichen Onkel umbringt› oder indem man sich in der Volkshochschule Dübendorf von Dr. J. Vontobel, Ombudsmann der Stadt Zürich, im elementaren Erbrecht unterrichten lässt.»

W

Richard Wagner (1813–1883)

Der Komponist Richard Wagner hat im Zürcher Exil einen Papagei namens Papo gehätschelt, der so wohl erzogen war, dass er nie einen tierischen Laut von sich gab, sondern nur sprechend und singend sich vernehmen liess. «Mit dem grossen Marsch-Thema des Schluss-Satzes von der c-moll-Symphonie», meldet Wagner, «dem Anfang der achten Symphonie in F-Dur, oder auch einem festlichen Thema aus der Rienzi-Ouvertüre, empfing er mich stets jubelnd.» Was Wagner aber nicht meldete: Wenn er sich in Zürich mit seiner Frau Minna zankte, rief der Vogel: «Der böse Mann; arme Minna.»

Treue Freunde standen Richard Wagner in Zürich moralisch und finanziell bei. Redaktor *Bernhard Spyri* etwa, der Gatte der Heidi-Dichterin, Staatsschreiber *Sulzer* auch, was nicht hinderte, dass Wagner mit stämmigen Kollegen ihm in der Amtswohnung sämtliche schweren Türen aushängte und verstellte, worauf Sulzer sie im Schweisse seines Angesichts allein wieder einhängte, weil er am frühen Morgen vor dem Weibel gut dastehen wollte.

Finanziell ging's Wagner in Zürich miserabel; er hat ja übrigens ein Leben lang vorwiegend auf Pump gelebt. Seine Uhr war verpfändet, und am 14. Oktober 1849 ging ein Hilferuf an Freund *Franz Liszt* ab: «Mit Ende dieses Monats gehen uns die letzten Gulden aus – und eine weite, herrliche Welt liegt vor mir, in der ich nichts zu essen, nichts zum Wärmen habe.»

Carl Vogler, Direktor des Konservatoriums Zürich, pflegte zu erzählen: Als Richard Wagner in Zürich eine seiner Opern aufführte, war das Orchester teilweise mit Amateuren ergänzt. In der Waldhorngruppe sass ein knorriger Metzgermeister, der falsch auf seinem Horn bliess und von Wagner gerügt wurde. Aber der Metzger reagierte ebenso ungnädig: «Herr Wagner, das isch mis Horn, uf däm chan ich blaase wie-n-ich will!»

Minna Wagner fuhr von Zürich aus zu Besuch nach Deutschland. Wagner wollte ihr eine Überraschung zu ihrer Rückkunft machen, verkitschte ein noch fast neues, rotseidenes Damastmobiliar und schaffte stattdessen ein ganz neues, gelbseidenes an. Als die Gattin zurückkehrte, war sie nicht eben erbaut. Sondern sagte: «Ums Himmelswillen, du hast ja noch nicht einmal das rote bezahlt!»

Sie erzählte die Geschichte in der ‹Käsegesellschaft›, einem Kreis bürgerlicher Zürcher Frauen, die sich bei ihren Zusammenkünften grundsätzlich nur mit Käse, Brot und Wein bewirteten. Die anwesende *Johanna Spyri,* Dichterin und Gattin des damaligen Redaktors der Eidgenössischen Zeitung und nachmaligen renommierten Anwalts und Stadtschreibers Spyri: «Ja, einem solchen Genie muss man halt so etwas zugute halten.» Darauf Minna Wagner harmlos: «Das schon, aber seien Sie froh, dass Ihr Mann kein Genie ist!»

Richard Wagner las seine schriftstellerischen Arbeiten sowie die hausgemachten Texte zu seinen Opern oft seinen Bekannten vor, und zwar, wie er betonte, einem «stets zunehmenden, sehr aufmerksamen Zuhörerkreis». Als er sich daran machte, *Adolf Kolatschek,* den Gründer einer «Deutschen Monatsschrift», und den seit 1851 ebenfalls in Zürich anwesenden *Georg Herwegh* durch Vorlesungen schachmatt zu setzen, bemängelte freilich Wagners Gattin Minna, der Kolatschek sei unterwegs eingeschlafen und der Herwegh habe sich einfach ihren Punsch schmecken lassen.

Und als der Meister eines Samstagabends im Bekanntenkreise aus seiner Ring-Dichtung vortrug und kaum den Rank zum Abklemmen fand, wurde das Gesicht des anwesenden *Theodor Kirchner,* zu jener Zeit Organist in Winterthur, immer länger und länger. Als Wagner endlich zum Schlusspunkt gefunden hatte, streckte Kirchner gähnend und ungeniert seine Glieder und sagte: «Oi oi oi, jetzt freue ich mich geradezu auf die Predigt morgen in der Kirche.»

1962 erhielt, wie aus dem Zürcher Stadthaus verlautete, ein gewisser «Richard Wagner, bei Wesendonck, Enge-Zurich, Switzerland», aus den Vereinigten Staaten die freundliche Aufforderung, die gediegene Zeitschrift ‹High Fidelity› (Die Zeitschrift für den Musikhörer) zu abonnieren. Die Herren aus Cincinnati, Ohio, USA, priesen Herrn Richard Wagner ihr Presseerzeugnis mit den bemerkenswerten Worten an:

«You'll know what's going on in today's wonderful world of music. Have fun!»

Soweit, sogut. Einzig Herr Richard Wagner, bei Wesendonck, Enge-Zürich, hatte das Musikmetier längst an den Nagel gehängt. Er war 1883 gestorben.

Thomas Wagner (1943)

Thomas Wagner, Dr. med. und Dr. iur., Zürcher Stadtpräsident seit 1982, wurde mit 35 Jahren in den Stadtrat gewählt. Am 19. November 1979 wurde die Schweizerische Volksbank an der Zürcher Bahnhofstrasse überfallen und um 550 000 Franken erleichtert. Kurz danach kam's zur Verhaftung des einen der vier Täter: des deutschen Terroristen *Rolf Clemens Wagner*.

Als sich der mutige Polizist, der den Terroristen Wagner verhaftet hatte, nach einem Rapport vom Stadtrat verabschiedete, sagte der damalige Schulvorstand Thomas Wagner zum tapferen Polizeigefreiten: «Ich bin der *andere* Wagner!»

Bei der Wiedereröffnung der Fachschule für Restauration und Hotellerie «Belvoir» sagte Stadtpräsident Thomas Wagner in seiner Tischrede: «Ein Ehepaar geht abends aus und versichert sich, dass die Kinder ihre Schulaufgaben gemacht haben. Die Schule: eine städtische Dienstleistung. Es löscht das Licht und stellt den Wasserhahn ab. Licht und Wasser: städtische Dienstleistungen. Es fährt mit Tram und Bus – städtische Dienstleistungen – in die Stadt, holt die Grossmutter im Altersheim – städtische Dienstleistung – ab und kann schliesslich, dank der städtischen Dienstleistungsabteilung Polizei, unbeschadet ein Restaurant aufsuchen.»

Dann kam aus, worum es dem Redner ging: «Damit dann auch noch etwas Rechtes auf den Tisch kommt, hat die Stadt zum Neubau der Wirtefachschule Hand geboten.» Wozu der Zürcher Journalist *Hannes Maurer* bemerkte: «Dem wäre lediglich die Variante 2 beizufügen: Falls man – trotz allem – verdorbene Speisen vorgesetzt bekäme, könnte man sich in einem Stadtspital – städtische Dienstleistung – den Magen auspumpen lassen.»

Hans Waldmann (spätestens 1435–1489)

Hans Waldmann, ursprünglich Gerbergeselle aus dem Zugerland, Hitzkopf und Haudegen, Feldherr und Staatsmann, musste als Bürgermeister seine menschlichen Schwächen trotz seiner Verdienste um die Stadt Zürich am 6. April 1489 mit dem Kopf bezahlen. Allerdings begann sich der Volkszorn schon bei der Hinrichtung in Sympathie zu wandeln. Und im Jahre 1627 gab's gar Ansätze zur Legendenbildung: Der Sigrist des Fraumünsters musste in der Kirche ein Grab aufschlagen und stiess dabei auf Hans Waldmanns Sarg. Er hob den Deckel und fand den Körper des ehemaligen Bürgermeisters gänzlich unverwest, den Kopf zwischen den Beinen und die Blutgerinnsel von so frischem Aussehen, dass er und ein paar Zeugen den Zustand der Leiche als wunderbaren Beweis von Waldmanns Unschuld deuteten.

Armin Wanger (1920)

Vernissage des Zürcher Bildhauers Armin Wanger im «Skulpturengarten Leimbach». Die Stadtmusik Zürich spielte auf. Es gab Gratiswürste, Wein und Bier. Fast 300 Besucher waren erschienen. Die meisten drängten sich um die Stadtmusik und vor allem um das Buffet.

Alt-Gemeinderatspräsident *H. U. Fröhlich* zum Künstler: «Ich finde es beschämend, dass sich die Leute so benehmen, statt deine Werke zu betrachten.» Drauf Wanger: «Reg dich nicht auf! Hauptsache, dass die Leute noch ein Organ besitzen, das intakt ist.»

Frank Wedekind (1864–1918)

Der Dramatiker Frank Wedekind lebte unter anderem in Zürich-Fluntern und war zeitweise Werbeleiter bei der Firma Maggi. Als solcher musste er auch Anfragen von Hausfrauen über Fleischextrakt beantworten. Einer Kundin schrieb er unter anderem: «Sie müssen die Extrakte mit Schweinfurter Grün mischen, einige Tropfen Arsen darauf giessen und das Ganze mit Hinzusatz von Eiweiss, mässig gesüsst, auf den nüchternen Magen nehmen. Die Folgen werden sich unter Garantie zeigen. In Kürze werden Sie von allen Erdenschmerzen befreit sein.»

Nach der Premiere seiner Tragödie «Erdgeist» (1895) erbaten zwölf Frauen von Wedekind Autogramme. Ausserdem näherte sich ihm eine ärmlich gekleidete Frau und wehrte ab: «Nein, Herr Wedekind, ich möcht' von Ihnen kein neues Autogramm. Ich möchte Ihnen nur Ihr altes Autogramm zurückgeben. Aber leider nicht umsonst, ich brauche dringend zwanzig Mark.» Sie überreichte ihm den damals geschriebenen Brief zur Maggi-Reklame, geschrieben auf Firmenpapier. Wedekind griff zum Portemonnaie, gab das Geld und bekam das Schreiben zurück.

Wein

Aus einer Sammlung von Schwänken und Anekdoten aus dem 16. und 17. Jahrhundert: Der Abt von Einsiedeln teilt seinem Amtmann in Zürich, wo klösterlicher Besitz zu verwalten war und heute noch zu verwalten ist, stirnrunzelnd mit, Zürcher Knechte im

Dienste des Amtmanns hätten sich über den sauren Wein beklagt, der ihnen zum Essen aufgetischt werde. Was für einen Wein er denn seinen Knechten gebe? «Nun ja», erwiderte der Amtmann ungeniert, «wir geben ihnen vom Wein, der an Euren Rebhängen wächst.» Darauf der Abt: «Also gut, mischt, wenn dem so ist, in Zukunft den Wein mit Wasser, das wird ihm die Säure nehmen!»

Als die Knechte einige Zeit danach gefragt wurden, wie es jetzt um ihren Wein bestellt sei, antworteten sie: «Herr Abt, Euer Zuspruch hat wohl getan. Der Wein ist bedeutend besser geworden.»

Hubert Weisbrod (1905)

Am Martinimahl 1970 der ACS-Sektion Zürich sagte Präsident Hubert Weisbrod über den anwesenden, neuen Regierungsrat Prof. Dr. *Hans Künzi:* «Da neue Besen gut kehren, kann ich über unsern neuen Regierungsrat nicht viel sagen. Ich möchte lediglich darauf hinweisen, dass es die alten Besen sind, die wissen, wo der Dreck liegt.»

Sigmund Widmer (1919)

Ein anonymer Drohling lässt 1974 telefonisch im Stadthaus wissen, dass dort am Mittwoch ein paar Bomben platzen würden. Zürichs Stadträte, neun an der Zahl, lassen sich von der Drohung nicht beeindrucken. Sie betreten am Mittwochmorgen wie gewohnt den Saal zur ordentlichen Stadtratssitzung. Wobei ihr Chef, Zürichs Stadtpräsident Sigi Widmer, beim Betreten des Saals statt «Guten Morgen» freundlich-dumpf sagt: «Bumm!»

Ulrich Wille (1848–1925)

Oberst Ulrich Wille, nachmals General, diktierte seiner Sekretärin (und Schwiegertochter) L. Wille-Vogel eine Antwort auf die Frage eines Kaufmanns, der um Erlaubnis bat, mit Schokolade, Zigarren und Obst auf dem Manöverfeld zu hausieren; im Falle einer Zusage versprach er Wille ein paar Flaschen Wein. Willes Antwort: Die Erlaubnis könne leider nicht erteilt werden, denn «um mich zu bestechen, braucht es dann schon ein grosses Fass». Das Fass blieb aus.

Zu den Gästen der Familie Wille in Mariafeld gehörte *Richard Wagner*. General Ulrich Wille hatte schon als Bub kein Verständnis für dessen Musik. Als Wagner einmal in Mariafeld musizierte, kam der kleine Ulrich zur Tür herein und sagte missbilligend: «Hundemusik, Katzenmusik!» Wagner hat diesen Ausruf später einmal dem Studenten Wille lachend vorgehalten.

Oft kamen Touristen nach Mariafeld, um die «heilige Stätte» zu besuchen, wo Wagner geweilt hatte. Ulrich Wille hatte nichts übrig für sogenanntes «Getue», wie seine Schwiegertochter berichtet. Aber die Leute wurden immer in den Saal geführt, wo Wagner musiziert hatte. Eine Deutsche rief bei einer solchen Gelegenheit entzückt und schwärmerisch: «Das ist also das Instrument, an dem der Meister seine himmlischen Töne schuf!» Drauf Ulrich Wille: «Das ist das Klavier meiner lieben Mutter.»

Als 1917 in einem Zürcher Restaurant ein Mann erzählte, die deutschen Generäle *Mackensen* und *Hindenburg* seien einem guten Tropfen nicht abgeneigt, meldete sich ein Berner zu Wort: «Mir hei o e General, wo gäng e chlei suuft, aber me darf dr Name nid säge.»

Wohnungsnot

In Zürich – zum Beispiel – war auch schon 1907 die Wohnungsnot akut. Familien mit Kindern, las man, seien wenig gefragt. In einem Spottgedicht fragte Herr Protzerich eine Wohnungssuchende, ob sie Kinder habe. Nein, das habe sie nicht. Ob sie aber Kinder haben werde. Das wisse sie nicht, antwortete die Frau und rief entrüstet:
«Verzeihen Sie, ich wusste nicht,
dass Sie nie war'n ein Kind
Und schon als grosser Esel
Zur Welt gekommen sind.»

Z

Carl Zuckmayer (1896–1977)

Carl Zuckmayer bekam die Bewilligung für Urlaub in Zürich, wo *Hilpert* «Des Teufels General» probte. Ankunft nachts. Zuckmayer: «Ich bat meinen Freund, am Restaurant ‹Kronenhalle› zu halten, es war kurz vor Lokalschluss, aber ich bekam da noch ein Pilsener und einen dreifachen ‹Chrüter›. Die Kellnerinnen wirkten auf mich wie freundliche Krankenschwestern. Ich fühlte mich gepflegt und geborgen. Selbst die ‹Aufstuhlung› um die Polizeistunde hatte etwas von gesicherter Normalität. – Friede.»

Zungenschang (Jean Uhler)

Als Franz Wanger 1913 das Porträt eines gewissen Jean Uhler in Stein meisselte, hatte dieser schon ein halbes Jahrhundert an seiner Bank in der Fleischhalle hinter sich und ungezählte Rinder- und Kälberzungen geklopft und gesalzen. Als Original ist er unter dem Namen «Zungenschang» bekanntgeworden. Des Morgens trank er Lindenblütentee, eröffnete zwischen 9 und 10 Uhr seine Sprechstunde in der Fleischhalle. Später ging er mit dem Fleischkorb am Arm zu seinen Kunden. Meistens fuhr er im Tram, er besass ein Generalabonnement. Wehe einem Neuling von Kondukteur, der ihn nicht kannte, sondern nach dem Ausweis fragte: Ein schauriger Blick traf ihn, geschleudert vom Zungenschang, der sich seine Verse selber machte und selbstbewusst donnerte: «Wie China seinen Li Hung Tschang / kennt Zürich seinen Zungenschang.»

Stolz zeigte Zungenschang Briefe vor, die ihn trotz magerer Adressen wie «Zungenschang Zürich» oder gar «Schang Schweiz» erreicht hatten: Man kannte ihn halt auch bei der Post. Der «Weisse Wind» war sein Stammlokal; als Junggeselle ass er auch dort, jasste abends bei ein paar Schoppen. Wollte ihn jemand aufs Glatteis führen, pflegte er zu sagen: «Gäll, bisch nüd so tumm / und suffscht Petrolium.» Sein kernhaftestes Wort war: «Schang bleibt Schang / sein Leben lang.» Als die Steuerkommission die Schraube auch bei ihm etwas anzog, rekurrierte er, wurde ins Stadthaus vorgeladen und brummte trocken: «So, so, mini Herre, wänn ir meined, ir chöned mi nu ufetue, so sueched nu en andere Zungeschang und gönd min Bank i de Fleischhalle nu sälber go abstaube.» Zog ab und hatte gesiegt.

Mit 72 bööggte und schwofte Zungenschang an der Fasnacht noch zünftig mit. Bedachte aber auch zeitig das Ende, schrieb sich beim Friedhofvorsteher für die Kremation ein, bestimmte auch, dass Wangers neue Zungenschang-Büste im Leichenkondukt mitgeführt werden müsse. Der überraschte Beamte fragte: «Jä, häsch du dänn im Sinn z stärbe?» Drauf Zungenschang belehrend: «Nei, säb nüd, aber weisch, wäni gstorbe bin, chan is eu nüme cho säge.» Gestorben ist der Zungenschang von der Fleischhalle noch im Jahre 1913.

Zürich in Basel

In den «Polizeinachrichten von und mit *Robi Klein*» aus dem Basler «Läckerli-Huus» ist zu einer Cranach-Ausstellung im Basler Kunstmuseum nachzulesen, dass auch vier muntere junge Zürcher die Ausstellung besuchten. Hinter dem Kunstmuseum waren einige weisse Striche auf dem Asphalt aufgemalt, also Parkplätze. Leider immer besetzt. Die jungen Zürcher parkierten ihren Wagen schön brav neben dem äussersten Auto, stiegen aus, machten sich für die Ausstellung bereit, derweil einer einen Farbkübel aus dem Kofferraum nahm und gekonnt mit weisser Farbe und einem dicken Pinsel die Parkfläche vergrösserte!

Robi Klein hat die Geschichte von einem jungen Polizisten. Von einem, der sich dermassen ergötzte «an diesen vier jungen Zürchern, dass er unmöglich mit ernstem Gesicht hätte eingreifen können. Er wendete sich ab, trällerte den Wettsteinmarsch und war zufrieden mit sich und der Welt».

Als in Zürich ein Jeansplakat – blutter und von gieriger Hand umspannter Popo – in den achtziger Jahren verboten wurde, meldeten die Basler Fasnächtler im Zusammenhang mit Presseberichten zur Sache: «Doch ebbis wäsentligs verschwyge all die Bricht: / Ass bi de Zircher s Fidle scheener isch als s Gsicht.» Und eine Schnitzelbank lautete:

«Das scheene Fudi, rund und satt, / isch z Ziri verbotten in dr ganze Stadt. / S zaigt uns z Bascl naimedure: / z Ziri zellt halt doch nur d Schnure!»

Zürich

Als der Schauspieler *Emil Hegetschweiler* mit der Eisenbahn von Zürich nach Würzburg fuhr, fragte ihn ein katholischer Schwabe, woher er komme. Hegi: «Aus Zürich.» Der Schwabe überlegte eine Weile und fragte dann: «Ziiri? Ja, isch des des Ziiri bei Einsiedle?»

Bundes-Vizekanzler Dr. *Felix Weber,* Glarner in Bern, schilderte in einem Bändchen «Oh, mein Türmlikon!» 25 Städte, darunter Zürich. Und notierte, in Erinnerung an das Schicksal Hans Waldmanns, über die Zürcher: «... später wurden sie noch drei ster, / köpften gar den Bürgermeister, / wenn sie mit dem alten grollten / und 'nen neuen haben wollten.»

Der Ticker eines Fernschreibers, der den Buchstaben ü nicht im Repertoire führte, machte 1964 aus «Zuerich» versehentlich ein «Zureich». Gnomen! Aufgepasst!

Conférencier *Georg Miller* aus Köln trat zuerst im alten «Rothus» und im Variété «Urania», in den siebziger Jahren dann in der «Haifisch»-Bar auf. Stets hatte er Reime auf den Namen «Zürich» gesucht, und 1973 war sein Loblied auf die Stadt immerhin schon so weit gediehen:
«Immer gern mein Bündel schnür ich,
geht's nach Zürich.
Überall lob nach Gebühr ich
mein schönes Zürich.
Denn wohin lieber führ' ich
als nach Zürich!
Selig öffne dann die Wagentür ich,
heisst es: ‹Zürich!›
Frohes Glücksgefühl verspür ich
drum für Zürich;
gern die Werbetrommel rühr ich
für Zürich,
und zum Lieblingsaufenthalt erkür ich
mir jederzeit nur Zürich.»

Rolf Eberhard einst als Bundeshauskorrespondent der Basler Nationalzeitung: «Es ist immer am gescheitesten, aus einer Sache das Beste zu machen. Wie sagte jener Zürcher? So: ‹Bin ich schon aus Züri, so kann ich ja grad auch stolz sein drauf.›»